基于创新教育理念下的高校教育管理

董凌丹 ◎ 著

吉林出版集团股份有限公司

图书在版编目（CIP）数据

基于创新教育理念下的高校教育管理 / 董凌丹著
. — 长春：吉林出版集团股份有限公司，2024.4
ISBN 978-7-5731-4690-8

Ⅰ. ①基… Ⅱ. ①董… Ⅲ. ①高等学校－教育管理－研究 Ⅳ. ①G640

中国国家版本馆CIP数据核字（2024）第059613号

基于创新教育理念下的高校教育管理

JIYU CHUANGXIN JIAOYU LINIAN XIA DE GAOXIAO JIAOYU GUANLI

著　　者	董凌丹
责任编辑	滕　林
封面设计	林　吉
开　　本	787mm×1092mm　1/16
字　　数	175千
印　　张	13
版　　次	2024年4月第1版
印　　次	2024年4月第1次印刷
出版发行	吉林出版集团股份有限公司
电　　话	总编办：010-63109269
	发行部：010-63109269
印　　刷	廊坊市广阳区九洲印刷厂

ISBN 978-7-5731-4690-8　　　　　　　　定价：78.00元

版权所有　侵权必究

前 言

高校教育保障的目标是提高教学质量,宗旨是培养人才。教学管理的良好运营环境是由科学的教学管理体制创造的。为了使科学制度的目标得以实现,必须站在地方高校本身的实际情况的角度,与管理学理论进行充分结合,制定教学管理制度;同时,与其他高校做好经验交流,借鉴长处;教师要做好总结与反思;加强由学生组成的信息反馈网络的构建,准备好日常教学计划。

在社会多元化的影响下,传统的说服教育和集中学习管理方式已经不能完全满足时代的要求,因此高校应对管理途径进行创新,激发党员的模范带头作用,推行党员挂牌体制,使学生在其带动下认真学习,自觉遵守校风校纪,形成良好的学习风气。同时通过科学的网络技术来促进信息的沟通,通过专业的网站提高网络教育管理的效率和水平,使高校学生对新型学习模式产生浓厚的兴趣,满足其个性化的学习需求,使高校教育管理工作迈上新的台阶,走向更加美好的未来。

我们在培养创新人才时要创造一个有利于人才孕育的良好先决条件,应高度重视培养学生的创新能力,使得有利于创新能力的养成和发挥的社会条件能够很好地建立,同时为增强学生的创新意识和提高其创新能力提供了物质基础。另外,高校应该更加努力地创造个体文化交流的环境,以阐释个体的一切活动,体现与社会的互动。

目前,我国经济正在稳健发展,创新教育的实施促进了精神层面的进步和社会财富的高速增长,所以我们要依托目前的创新型教育体制,让具有创新意识、创新精神的人才得到很好的培养,以更好地推动社会向前发展。

董凌丹
2024年1月

目 录

第一章 高校教育管理概述 1
    第一节 高校教育管理的概念与特点 1
    第二节 高校教育管理中的矛盾分析 7
    第三节 高校教育管理的原则 13
    第四节 高校教育管理的现代理念 17

第二章 新时期高校教育管理过程研究 24
    第一节 高校教育管理过程的特点与基本环节 24
    第二节 高校教育管理过程中的沟通、协调与控制 33
    第三节 高校教育管理过程中的激励机制 49

第三章 我国高校教育管理体制改革探究 65
    第一节 我国高校教学管理体制现状分析 65
    第二节 我国高校教学管理体制问题所在 79
    第三节 我国高校教学管理体制改革策略 85

第四章 基于创新理念的现代高校课程管理 103
    第一节 课程与高校课程 103
    第二节 现代高校课程管理的基本原则 111
    第三节 现代高校课程管理的理论和实际意义 113
    第四节 现代高校课程管理创新发展的策略 115

第五章　基于创新理念的现代高校学生管理 139

第一节　现代大学生成长成才的路径探索 139

第二节　现代高校学生管理的特征与作用 145

第三节　现代高校学生管理创新发展的策略 150

第六章　基于创新教育理念下高校教育管理手段 166

第一节　柔性管理理念下高校学生管理 166

第二节　新公共管理视角下民办高校教育 169

第三节　新时代创新高校教育精细化管理 174

第七章　高校教育教学创新实践研究 181

第一节　以人为本推进高校教育管理创新 181

第二节　Web 2.0时代高校教育教学的创新 184

第三节　基于高校教学改革的教育教学协同创新 190

参考文献 201

第一章 高校教育管理概述

教育管理作为一种教育现象，是教育发展的动力。我国对高校教育管理的理论研究始于改革开放以后。目前，我国高校教育管理的理论研究已经取得了一定的成果，并且随着教育改革的不断深入，高校教育管理的改革也正逐步深化。

第一节 高校教育管理的概念与特点

一、高校教育管理的概念

高等教育管理与高等教育密不可分。高等教育是指建立在中等教育基础之上的，以培养高级专门人才为主要任务的社会实践活动，是一种专业性教育。高等教育管理是指管理者组织教育队伍，对高等教育资源进行合理配置，从而高效实现高等教育目标的活动，具体表现为高等教育管理者施于高等教育管理对象的一种活动。

从概念范畴来说，教育是对高级专门人才进行培养的一种活动。它的对象是受教育者；它的目的在于发展受教育者的身心，并根据社会的不同要求，培养出对社会有用的人；它的过程是在教育者有目的的指导下，使受教育者积极主动地学习基础文化知识、掌握基本的学习和生活技能，使他们的个人能力得到发展和提高，使他们的个人体质得到增强，最终形成良好的思想品德的过程。除此之外，此概念范畴也包括大学里的科学研究活动。而教育管理的管理对象是教育资源。其目的是合理调配有限的教育资源，其过程是对教育管理活动进行计划、组织、指挥、协调和控制等，以实现教育管理目标的动态过程。教育管理活动不仅组织、协调、指导着教育、教学、生产、科研等活动，并为这些活动的开展提供着丰富的资源、创造良好的环境，而且将各种资源和内外部条件有效地结合起来，让它们最大限度地发挥作用。

通过上述的比较可知，在大学里，存在着三种活动，即教育活动、科研活动和组织教育科研活动的管理活动，与之相对应的是三种过程，即教育过程、科研过程和管理过程。从三者的关系来看，管理过程与教育过程、科研过程是不同的，却是密切相关的。在大学的工作中，教育过程一直处于中心地位；科研过程有时可以说是教育过程的一部分，与教育过程是相互配合、相互补充的。管理的职能是对教育、科研等活动进行组织并提供相关服务，为的是保证教育和科研的顺利进行，并实现最终目标。

教育管理要遵循教育规律，能够反映出教育规律的教育理论对于高校教育管理实践有重要的指导作用。因此，从理论来讲，高等教育教学是大学教育管理学的理论基础。其实，管理本身也是一种社会实践活动。它与三大社会实践活动（科学实验、生产实践、社会实践）共存，并且对三大社会实践产生影响。脱离了三大社会实践活动的管理没有任何意义；三大社会实践活动脱离了管理，也不可能有序地进行，并取得成效。与其他一般社会活动的管理相同，教育管理也是遵循自身规律的。因此，教育管理的规律不能被教育规律完全替代。也就是说，高校教育管理者除了要掌握教育规律，还要研究教育管理的规律，更不能把教育管理理论与教育理论看作同一种理论。大家常说要遵循教育规律办事，这里的"事"更多的是指教育管理活动，当然也包括教师的教育实践活动。

二、高校教育管理的特点

通常情况下，管理要解决的矛盾是资源和目的间的矛盾，注重将有限的资源进行合理分配，最大限度地获得更大的效益。这是管理区别于其他活动的特殊属性。而合理协调、配置和使用有限的教育资源是教育管理的任务，因此教育管理也具备了这一特殊属性，但是这也仅仅说明了它具备一般管理所具有的共性。而高校教育管理的本质，即高校教育管理过程中各类矛盾的特殊性，才是大学教育事业宏观管理的基础和条件。因此，高校教育管理理论的研究，应着眼于大学管理活动的特点分析。

（一）高校教育管理目标的特点

培养人才和取得科研成果是高校教育的主要任务，具有很强的学术性。因此与一般管理相比，高校教育管理的目标具有特殊性。

1. 以高校教育目标为主要制定依据

任何社会实践活动都有其预期目标。高校教育的目标是保证培养的人才的数量与质量，提高人才的品质与学术水平。而高校教育管理目标是充分利用现有的教育资源，培养出数量更多、质量更好的专门人才，创造出数量更多、作用更大的科研成果，进而取得更加良好的效益。因此，高校的教育目标是高校教育管理目标的主要制定依据，这也是高校教育管理目标最主要的特点。这个特点要求在制定管理目标时，高校的各位管理者必须优先考虑用有效的管理来计划、组织教育活动，从而实现教育目标。此外，想要做好高校教育管理、实现最终的教育目标就必须制定明确、科学的管理目标。

2. 方向性特点

方向性是各种管理都具有的共性，高校教育管理也不例外。它的目标方向性也十分明显，并且深受传统文化影响。因为培养人才是高校教育的主要任务，所以高校教育管理比一般管理的方向性更强。一方面，培养人才是受一定的政治观念和价值取向支配的有意识的活动。高校教育采用什么样的教学方法，确立什么样的教育目标，选择什么样的教学内容，最终使学生形成什么样的价值观等都与人的思想和意识有着千丝万缕的联系，而且这些都受各国传统文化的影响。因此，高校教育管理具有政治方向性。基于此，高校教育管理者要保证全面目标领导着教育目标；要使教育目标与国家其他部门所确立的目标相一致；要确立全面的政治政策允许的符合实际的教育目标。另一方面，高校教育要服务于经济和社会发展。因为教育周期相对较长，所以人才培养计划必须超前安排，才能更好地适应经济和社会发展的需求。在中国，社会主义是高校教育管理必须坚持的。

3. 社会效益性特点

与一般管理一样，高校教育管理的目的也是提高工作效率和获得更好的效益。而在衡量高校教育管理的效率时，高校教育管理者必须充分考虑到高校教育工作的特点，而要想有效地管理教学和研究活动只能依靠这些教育活动的参加者。因而，只有充分调动教师工作的积极性、学生自身的积极性与主动性，才能提高教育管理的效率。

（二）高校教育管理对象的特点

教师和学生是高校教育管理的主要管理对象。在高等教育系统中，教师是主导性成员，学生是主体性成员，他们自身都有着各自的特点。

1. 教师的特点

教师是以掌握专门知识为标志的群体。在对教师进行管理时，管理者应注意他们的心理活动和以脑力劳动为主的集体生活特征，要使管理方式与他们这些特征相匹配。同时，教师面对的学生都是具有主观能动性的有意识的个体，因此，教师既是被管理者又是管理者。

2. 学生的特点

学生一般都是受过完全中等教育的青年。在管理学生时，管理者要明白他们的身心发展是分阶段的，而且各个阶段都有其特征。因此要注意，采取的管理方式应该与他们各个发展阶段的特征相符合。教育过程和管理过程深受学生主动性的影响。学生在被教师塑造的同时，又参与了自身的塑造和研究活动。从这个角度来讲，学生不仅是教师的管理对象，也是学校的管理对象。从提倡加强学生的自我管理这个意义上说，学生也是管理者。

无论是教师还是学生，他们都是脑力劳动者，他们主要进行的都是学术性活动。因此，他们的工作性质要求他们需具有创造性思维，而且也决定了他们的工作方式个体化程度比较高。高校教育管理能否合理配置财力、物质等教育资源，也与教师和学生自身以及他们的工作和学习有着密不可分的联系。因此，调动教师和学生内在的主动性和积极性，并且创造有利于他们独立思考的环境，提供有利于他们自由发挥的条件，是高校教育管理的一个相当重要的任务。

（三）高校教育管理活动的特点

1. 学术性特点

高校教学、科研是分专业、分学科进行的。传授、创造和应用知识是教育管理的基本职能。学术水平和应用价值可以用于衡量高校所培养的各类专门人才和高校取得的各种科研成果的质量。教学活动和科研活动的媒介都是知识。也就是说，在任何高等教育系统中，知识材料，特别是高深的知识材料都处于核心位置。此外，在高校教育管理活动中不仅有行政管理，还存在大量的学术管理。与行政管理相比，学术管理有着不同的规律和特点，但是学术管理和行政管理又经常交织在一起，很难区分开来。

2. 人际交流特点

一般的管理都重视管理者与管理对象之间的相互交流，重视人的因素和行为。而在高校教育管理过程中，人的因素起到十分重要的作用。因为这一管理过程是管理者、教师、学生三者之间相互交流的过程。教师要充分地了解学生，用恰当的方式启发学生思维、使学生积极主动地学习，才有可能产生良好的教育效果；师生之间要加强交流，才有可能共同进步；管理人员也必须加强与各专业和各学科教师之间的交流，才有可能进行有效的学术管理，进而达到良好的成效；当然，管理人员与学生之间要经常相互交流，才有可能取得对方的理解和支持。这说明管理者在高校教育管理过程中要十分重视人的因素。

3. 综合性特点

高校教育过程是十分复杂的，具有综合性的特点。众所周知，高校中有很多个专业，但无论是什么专业，都要体现出德、智、体、美等多方面的综合素质要求。

高校教育的根本任务是培养人才，但是除了这一根本任务，高校教育还要开展包含多种社会职能、涉及多个不同方面的工作，如科学研究工作、传播社会主义精神文明工作等，并且各项工作之间既相互联系又相互制约。以上这些就要求管理者在管理工作中要善于调动相关人员的积极性，要通过集体的力量推动高校管理活动有效运行；此外，还要注意从整体上综合地分析和处理问题，防止出现"按下葫芦浮起瓢"的现象。

4.管理过程难以控制的特点

高校教育管理过程的一个特点是难以控制，主要体现为以下三个方面。①高校教育工作的周期相对较长，管理效能有滞后性，管理工作即使出现失误也难以及时地进行反馈。②教育工作的具体过程很难控制，因为教师的工作方式具有很强的独立性。③虽然学生培养有一定的质量标准，但与物质产品相比，学生很难定型化、标准化，而且社会供需变化和社会环境等对学生的质量也有很大影响。学生质量要经过很长一段时间才能得到真实的反映。因此，学生的质量很难得到检验。更何况学生具有很强的可塑性，每个学生的性格、思想等也千差万别。因此，管理者在管理过程中也要注意因时制宜、因材施教，这又大大地增加了控制的难度。

（四）高校教育管理会受到环境的影响

社会系统中各种因素对高校教育管理都会产生一定程度的影响。教育是受一定社会因素（如经济、政治、文化、科学技术等）制约的，又反作用于一定的社会因素。社会生产力和生产关系的变化、经济基础和上层建筑的发展变化必然会影响高校教育管理。而且高校教育管理的影响因素也是相当多且十分复杂的，如政治、经济、科技、自然环境、地理条件等。除了这些物质环境，人文环境也是高校教育管理的重要影响因素。高校教育管理中有一项特别重要的任务，那就是创造良好的人文环境。因此，管理者必须意识到高校教育事业并不是孤立于社会大系统之外的独立系统，而是整个社会大系统中的一个子系统。所以，管理者应在此前提下去认识高校教育的种种现象，并对它进行有效管理。在高校教育管理中，管理者必须充分重视各种环境因素对高校教育管理的影响。

第二节 高校教育管理中的矛盾分析

一、个人与组织

高等教育系统是一种社会系统，是以人为主体的系统。在这个系统中，个人是指在高等教育活动中具有自己的意志和行为、有个人利益和需求的人。首先，他们在这个系统中的存在形式是个人，其次，他们每个人都有着各自的思想和情感，各自的需求、利益和行为活动等。这些个人在高等教育管理活动中可以划分为管理者与被管理者，但是这种划分不是绝对的，而是相对的。因为在高等教育管理中，管理的层次决定个人的身份，某个人可能具有双重身份，他有可能是管理者，也有可能是被管理者。每一个人虽然有所不同，但都是组织中的一员，无论是谁都不能脱离一定的组织而独立存在。

一个组织可能是一个行政的组织，也可能是一个学术的组织，是由多个个人结合而成的一个实体。当然，这些个人是具有相同的高等教育目标和相互协作关系的。相同的高等教育目标将具体的个人（如教师、学生、管理人员等）结合在一起；而具体的个人之间的相互协作又保证了可以最高限度地实现高等教育目标。在高等教育管理中，个人和组织既是统一的又是对立的。从本质上说，两者之间的矛盾主要是利益与责任、需要与满足需要之间的矛盾。

个人和组织对立的一面主要体现在以下两个方面：

第一，组织利益凌驾于个人利益之上。组织利益不等同于个人利益，它是个人利益的集中表现，所以肯定会高于个人利益。在高等教育系统中，每一个高等教育组织的利益最终都要通过高质高量地出人才、出成果和为社会服务来体现，而每个人的利益可能千差万别，其中既有与组织利益一致的，也有与组织利益不一致甚至相矛盾的。

第二，高等教育组织的功能是组织内所有个人功能都变化了的一种新质的功能。高等教育组织通过其内在的结构和活动可以产生个人分散活动所不能产生的新结果。仅就培养一个人而言，它是通过许多教师的辛勤教育，许多管理者的活动，许多服务人员的努力劳动，以及学生的认真学习而得以实现的。由此可见，组织力量不是简单地将组织内所有个人力量相加起来而得到的总和，而是大于这个总和的一种新质力量。任何个人，无论是教师与学生或管理者与被管理者，要想有所作为，都必须依靠组织。

实际上，高等教育管理中个人与组织对立的一面是次要的，它们之间统一的一面才是主要的。高等教育管理中个人与组织之间的统一主要表现在高等教育活动中，高等教育组织中任何个人都无法脱离高等教育组织而存在，教师、学生、管理人员因具有一定的功能而成为高等教育组织中的一员，而这种功能的发挥也有赖于高等教育的组织。没有高等教育组织，这些功能不能得以很好地发挥，每个人的功能也不能被综合为高等教育的整体功能。高等教育组织也离不开个人，个人是构成高等教育组织实体的最小单位。高等教育组织中没有教师、学生、管理人员是无法想象的。在高等教育管理中，每一个组织中的人数有多有少。这与组织的任务有关。人数的多少各有利弊，但更多地取决于管理的水平和性质。高等教育组织中个人利益与组织利益是紧密相连的，利益能反映出人的物质和精神需要能否得到满足及得到满足的程度。在高等教育组织中，个人的文化知识层次各不相同，甚至差异较大，既有高层次的知识分子，又有一般的员工，还有即将进入社会的莘莘学子。其需要各不相同，利益也各异，如经济利益、文化利益、政治利益等。利益在高等教育活动中体现着个人和组织同精神文化生产活动的关系、同人才培养活动的关系，但更重要的是它体现着在享受这些活动带来的利益时组织和个人二者之间的关系。组织利益与组织内各个成员的利益是一致的，是组织内全体成员个人利益的升华，组织利益源于成员的个人利益。这就要求管理者在管理过程中，在维护组织整体利益的同时要保护个人利益，努力满足个人的正当的需要，营造一种积极向上、团结一致、同甘共苦的组织氛围。为满足各自的需求，不同的个人相互协作，用组织利益来代表成员的个人利益。于是，个人利益同组织利益紧密相连，在组织利益得以实现的时候，为组织利益作出贡献的个人的利益也得以实现。总之，在高等教育管理活动中，管理者只有兼顾组织利益和个人利益，把两者很好地结合起来，使两者相得益彰，才能促进高等教育系统的健康发展。

二、稳定与改革

稳定是由高等教育系统运行的相对稳定性决定的，它是高等教育管理活动的相对常态的标志。教育系统的相对稳定性使得高等教育系统在一定程度上依赖于自身的规律，按照其内在的逻辑发展表现出来。例如，高等教育管理的目标、模式、原则等需要具有相对稳定性，否则，高等教育管理活动就无法正常进行，相关的研究者也无法对管理要素和管理过程进行研究，但高等教育管理活动的相对稳定是有条件的、暂时的。首先，当我们说某些要素处于稳定状态时，只是相对于一定的管理系统和时间、地点、空间而言的。例如，在某一个高等学校系统中，校长作为一所学校的最高管理者与学校其他被管理者的划分是相对的，这个特定的高等学校子系统进入整个高等教育大系统后，情况就会发生变化。其次，稳定包含着高等教育管理活动中的量变。当高等教育管理过程中某一阶段或某一体制没有发生质变仍保持其自身的性质时，我们就说它是相对稳定的。但同时，它在性质不变的情况下仍有量的变化。例如，计划过程在向组织过程发生变化之前，计划过程发生着由目标向预测、决策方面的变化。因为这种变化并没有改变计划过程的性质，所以计划过程是稳定的。在我国高等教育管理体制由高度集中的计划管理体制向以市场为导向的管理体制转变之前，虽然其内部也在发生各种变化，但我们仍可以说这种体制是相对稳定的。

改革是由高等教育系统的开放性所决定的,标志着高等教育管理活动中的质变,其实质是对未来的反映。高等教育管理活动要根据外界环境的变化制定新的目标和政策,改变原本的管理模式和体制,给过去的教育赋予新的职能。例如,随着高等学校职能由教学、科研向社会服务延伸,高等教育管理的范畴也将延伸,不仅包括教学、科研管理,也包括高等学校的社会服务活动管理,具体包括科学技术成果及产品推广、相关产业活动管理等活动。这就使得管理活动的内容发生了部分质的变化。因为科技成果推广、产业活动管理,无论是在内容上,还是在形式上都与教学截然不同。随着我国经济体制由计划经济体制向社会主义市场经济体制转变,高等教育管理体制也正经历着由高度集中统一的、以行政手段直接干预的管理体制向统一领导、分级管理、以宏观调控手段间接干预为主的管理体制转变。

在高等教育管理中,稳定和改革是对立统一的。

一方面,稳定和改革是相互渗透、相互包含的。这里的改革是指高等教育管理体制发生全面性的变化、根本性的变化。在改革发生之前,管理活动虽然处在一个相对稳定的状态,但局部的改革总接连不断发生。例如,自新中国成立以来,在实施相对稳定、高度集中统一的高等教育管理体制的过程中,其体制内部的局部性改革一直没有停止过。但所有改革都是偏重于体制自身而进行,并没有冲破这一体制。高等教育管理过程的稳定性标志着人们对高等教育管理活动中计划、组织、协调、控制过程的充分认识和把握。但在任何一个具体的管理过程中,改革也无时不在进行,如调整目标、变化组织、改进领导方式等。改革本身就是动态管理的基本特征。所以,管理者要根据客观条件的变化,及时改革一切不适应系统发展之处。故稳定中有改革的因素。此外,改革中也有稳定的因素。改革本身也是一个过程,改革也有一定的步骤和阶段。改革中推行的政策、体制、模式,改革中采取的措施都应具有一定的稳定性,以便于观察、评价,最终进入一种新的稳定状态。

另一方面,稳定和改革具有相互转化的趋势。高等教育管理的体制和过程的相对稳定性,使整个高等教育管理活动在一定时期保持着相对平稳的状态。高等教育系统根据自身的发展规律不断运转不能说明高等教育系统会自发地、永久地运转下去。实际上，在系统平稳运转的同时，各种各样的矛盾也在不停产生。当这些矛盾积累到一定的程度时，必然会导致改革发生。如果改革冲破了旧的体制，建立起新的体制，发生质的变革，重新与外界的环境、与高等教育系统发展相适应，那么就进入了一种新的稳定状态。

总之，稳定—改革—稳定的转变过程，预示着高等教育管理活动不断由低级向高级发展，保证了高等教育系统的健康运转。如果这种转变过程的结果不是发展，不是前进，那么这种变革就是错误的，甚至是失败的。

三、社会效益与经济效益

在市场经济体制下，高等教育的经济效益是存在的。这是一个客观事实。高校教育管理者要正确认识高等教育中的经济效益，并将它放在一个正确的位置上。从教育系统的外部来讲，经济效益可以指高等教育培养出来的人才为社会经济发展创造的财富；从教育系统的内部来讲，经济效益可以指在单位时间内，高等教育培养出来的人才的数量和质量与成本之间的关系。在整个社会系统中，高等教育系统主要被归为非物质生产部门，而如果这样的话，就不能着重强调它的社会物质服务性了。但是，如果将它归为物质生产部门的话，它的经济效益又远远不像物质生产领域那么明显。因此，我们可以认为高等教育系统既可以产生一定的经济效益，又可以产生大量的社会效益，其中更主要的是产生大量的社会效益。

高等教育活动对整个社会系统长期的、整体的影响就是社会效益。社会效益不仅仅影响经济的发展，还影响社会政治、文化等多个方面的发展。受过高等教育的人对社会活动更能产生巨大且深远的影响。因为高等教育是培养高级专门人才的一种社会活动，同时人又是各种社会活动的主体。此外，科学技术既决定着生产力的发展，又是社会发展的关键。这就要求高等教育不仅仅要让人掌握科学技术，还要将科学技术发展到更高水平。与此同时，让人在认识和改造自然的过程中不断地完善自身是高等教育的目的。以上这些情况都可以说明，高等教育会产生非常大的社会效益。

高等教育的经济效益在一定程度上是可量化的。有关研究发现，教育对国民收入增长率的贡献是35%。[①] 再如，美国经济学家舒尔茨运用教育资本储量分析法，探讨了教育对经济发展的影响，发现教育水平的提高对国民经济增长的贡献是33%。[②] 目前，这方面的国际研究还有待继续深化。而国内相关研究尤其薄弱，主要是因为这方面不受国内研究者的重视。高等教育的社会效益在很多方面往往是难以量化的。例如，高级专门人才在为社会创造更多物质财富的同时对社会精神文明发展所作的贡献，在社会政治、法制、民主上所作的贡献，科学技术成果，尤其是人文、社会科学领域内成果的社会价值等，都是难以完全量化的。因此，我们既不能用可以量化的高等教育的经济效益来简单地替代整个高等教育的效益，过分强调经济效益，忽视社会效益，也不能以高等教育的社会效益不可量化为理由简单地否定高等教育经济效益的相关研究。与其他经济现象比较，经济学也不能测量整个工业化的社会效益。虽然数量化是经济学很重要的部分，但经济学也只是部分数量化的学科。教育亦如此，当然，在程度上两者存在着很大的差异。

在高等教育管理中，社会效益与经济效益具有辩证统一的关系。

①社会效益与经济效益相互促进。在高等教育管理中，社会效益才能体现办学效益的高低。但经济效益和社会效益又是相互联系的，良好的经济效益是社会效益的重要指标，也保证了社会效益的提高；好的社会效益也为提高经济效益创造了前提条件。社会效益在高等教育管理中表现为一种长期的行为，与之相对的是，经济效益在更多情况下表现为短期行为。要想在提高社会效益的过程中追求合理的经济效益，就必须把该短期行为变成长期行为中的一个部分。

②经济效益被包含在社会效益之内，因此，在谈社会效益时，不能脱离经济效

---

① 魏巍. 高校教育教学管理理论与实践研究[M]. 北京：中国纺织出版社，2018.
② 舒尔茨. 教育的经济价值[M]. 曹延亭，译. 长春：吉林人民出版社，1982.

益。高校在管理过程中，特别是在教育资源十分有限的情况下，要对成本加强管理，努力提高经济效益，从而更好地实现社会效益最大化。

这些矛盾虽各有自己的特殊之处，但又都反映着高等教育管理过程的本质，是我们理解高等教育管理活动中各种复杂关系相互作用的钥匙，指导着我们认识这些矛盾运动及发展，并最终指导着高等教育管理的实践。

第三节 高校教育管理的原则

一、高效性原则

高效性原则直接体现了高等教育管理的本质，也是高等教育管理的具体化表现。它要求用最少的高等教育资源，培养出更多的合格的高级专门人才，取得更多的高水平的研究成果。这一原则揭示了良好的办学效益就是高等教育管理所追求的目标，主要体现在经济效益和社会效益两个方面。高等教育所培养的人才和取得的研究成果是否对社会、文化、经济等的发展起到最好的促进作用，高等教育在实施过程中是否能实现各种资源利用最大化、资源浪费最小化，应该作为办学效益的评判标准。保证提高办学效益的前提条件是，在确定总体发展规划、设置具体专业、聘用相关人员等诸多方面，高等教育必须有足够的灵活性和活力。

二、整体性原则

高等教育系统的整体性和高等教育目的共同决定着高等教育管理应遵循整体性原则。整体性原则可被理解为：在充分考虑到各种社会环境因素的情况下，围绕培养人才这一中心科学地组织各种工作，使它们有效配合起来。

整体的功能大于各个部分之间的总和是高等教育系统最大的特点。在实际的管理工作中，局部和全局之间经常会发生冲突。有时候，从某一部分来看，确实能产生一定的效益，但是从整体来看，损失远远超过局部产生的效益。因此，我们一直强调局部服从整体。有研究表明，人只有在有具体目标时才会发挥自己的潜能，也只有在达到这个具体目标后，才会获得成就感和满足感。要想使用来维系整体性原则的目标真正发挥统领全局的作用，就必须使这个目标具体化，并且使目标渗透到整个管理过程中。

与一般系统一样，高等教育系统中也没有任何一个人或组织可以不依赖其他的人或者组织，而单独满足自身的需要。一种合作行为如果没有管理目标做指导，那么这种行为就没有管理的整体性。因为社会与组织的分工不同，所以高等教育系统中工作目标也各不相同，但它们都依赖于高等教育总体目标，并在总体目标的指导下相互配合。整体性原则的体现方式在不同功能的组织中也是各不相同的。通常，经济组织一般以功利性为主，强调竞争；军事组织以强制性为主，强调服从。

三、民主性原则

高等教育管理的学术性决定了高等教育管理的民主性。高等教育管理者只有发扬民主，充分激发师生的创造性和积极性，才能办好一所开放的高等学校。高等教育领域人才济济，思想活跃，追求和强调学术自由。因此，高等学校在开展学术活动时要充分体现这一点。从本质来讲，高等学校的教学和科研活动都是学术性活动，而这些活动不可能离开民主与自由而得以顺利开展。从前面的论述中可知，高等教育系统中充满利益和权力的冲突，一个决策的制定和实施往往需要多种力量的协商和妥协。在这里任何独裁式的决策都有可能降低高等教育的学术价值。

承认个人价值是民主的基础。因此，在学校重大事件的决策过程中，每一位师生都有权利发表自己的意见。领导和组织必须以听取师生意见为前提，依据科学的程序做出恰当的决定。这也是学校民主的体现。民主与公正是密不可分的，人们在享受公正待遇的同时也在享受着民主。高等教育管理者要做到公正，就要建立严格透明的规章制度，平等待人，不徇私舞弊，而且要接受民主监督。

民主性原则要求高等教育管理者在高等教育管理中制定决策、执行决策、检查决策执行情况、评定决策执行结果都要充分发扬民主精神。

四、动态性原则

动态性原则是指高等教育管理者在高等教育管理活动中必须根据不同的情况,采取不同的措施进行动态调节,从而使高等教育具有一定的适应性和针对性。为了在动态的环境中保持协调发展,动态性原则十分重视高等教育管理的创新与发展。高等教育承前启后的社会职能决定了其工作不仅具有稳定性和继承性,还具有发展性和创造性。在高等教育管理中,高等教育管理者应该以稳定和继承为基础和条件,以发展和创造为目的和动力,在相对稳定的前提下把握发展,在运动发展的过程中寻求稳定。

动态性原则要求高等教育管理者必须重视旧体制、旧办法的改革。但改革的前提是基本不打乱教育的稳定性。任何改革的稳定性都是相对的。不过,有必要的改革有一定的标准:改革不能脱离实际,必须与实际相贴合,必须适应社会的发展需要;学校的教育目标、管理政策、发展计划等要具有灵活性。这样,改革才能顺利进行;为了保持管理系统的稳定性,改革一定要遵循循序渐进的原则,不能冒进,不能急于求成。

五、导向性原则

导向性原则是指管理者用管理手段引导所有组织成员向已经确定的目标持续努力。管理者制定的各种方针政策、采取的各种工作措施、营造的工作氛围等都具有引导作用。

从政治导向上来说,相关研究者提出导向性原则的主要依据是高等教育管理的两重性规律。其中,两重性指的是自然属性和社会属性。自然属性表现为普遍性、共同性和技术性,该属性决定了我国高等教育可以按照对外开放政策,学习国外先进的科学技术和管理经验;社会属性表现为历史继承性和政治性,该属性决定了在借鉴各个国家的教育管理经验时,不能全部照抄照搬,一定要考虑不同的社会形态。一个国家的高等教育必然会受到这个国家的政治制度的影响,而且一定会在管理上有所反映。在阶级社会中，各个国家之间的社会活动都被深深打上了阶级的烙印。国家的教育方针已经十分明确地规定，高等教育活动培养的人是传承和发展国家及民族文化的接班人和建设者。无论从宏观还是微观的角度来看，对于一个国家或民族来讲，高等教育应该放在首位的是育人的方向性。这是由阶级社会的政治性决定的。

从管理工作导向上来说，其主要包括措施导向和条件导向。在管理者的指导下，组织成员自觉或者不自觉地工作。这里还存在着利益导向问题和心理导向问题，在此不作过多的赘述。

六、依法管理原则

《中华人民共和国高等教育法》（2018年版）是指导和约束中国高等教育活动的根本大法。《中华人民共和国高等教育法》总共八章，全面规范了高等教育活动。

从管理体制来说，全国高等教育事业由国务院统一领导和管理。各省、自治区和直辖市的人民政府负责管理主要为地方培养人才的高校和经国务院授权给地方管理的高校，还负责统筹该行政区域内的高等教育事业。国务院的教育行政部门主要负责管理全国高等教育工作和国务院确定的主要为全国培养人才的高等学校。国务院的其他有关部门在规定的职责范围内，负责相关的高等教育工作。

在高等教育管理的活动中，我们已经感受到了依法办事的重要性。这是因为，我国逐步向法治化国家的轨道迈进，而且高等教育活动中的矛盾只有通过法律法规的程序才能得到妥善处理，特别是国家与国家之间的矛盾，高等教育内部与社会其他部门之间的矛盾，高等教育组织法人与其他法人主体之间的矛盾，高等教育组织内部法人与法人之间的矛盾，高等教育内部成员之间的矛盾等。因此，依法管理的原则也显得越来越重要。

依法管理的原则，是指要依据这些法律，还有教育行政主管部门规定的法规，来规范高等教育活动。从微观高等教育管理来讲，依法管理原则要求要依法治校，建立健全各种规章制度，依法行政，通过制度来规范管理者的行为。

第四节　高校教育管理的现代理念

一、现代教育理念的内涵

所谓的教育理念就是一种关于教育方法的观念，也可以说是有关教育一般原理和规律的一种理想的观念。教育理念是对未来教育的"远见卓识"。当然，它必然是以前人的教育思想为基础，以未来社会对人才的需要为前提的。科学的教育理念可以正确地反映教育的本质特征和时代特征，为教育的发展指明方向。基于此，现代教育理念作为社会文化的典型代表，除了为我们提供了教育的理想模式，还始终保持着对社会各方面发展的前瞻性。

二、高校教育管理的十大现代理念

在对教育实践和教育理论进行了长期深入的研究之后，人们赋予了现代教育理念比较深刻的思想内涵。从理论层面上来说，现代教育理念突破了以以往教育经验为导向的思想束缚，改变了传统教育更加侧重应试教育这一特征，使教育内容更加系统且更具有针对性。现代教育理念也表现出了客观、可信的科学特征，也被赋予了开拓精神、创新精神、批判精神、冒险精神等思想内涵。从操作层面上来说，在指导教育实践过程中，现代教育理念则表现得更加成熟，也体现出了包容性、可行性、持续性的特征。这必定会对高等学校的教学起到十分积极的导向作用。下面将对高校教育管理的十大现代理念展开详细论述。

（一）以人为本理念

在经济、科技等高速发展的今天，社会已经从注重科学技术发展的时代进入以人为本的时代。在这个时代，坚持以人为本的教育理念也符合当下的时代要求。因为人既是教育的出发点，又是教育的归宿。所以教育作为一种培养和造就合格人才以满足社会发展需要的崇高事业，自然要全面体现以人为本的时代精神。因此，现代教育应强调以人为本,在教育教学的整个过程中,全方位地贯彻重视人、尊重人、提升人及发展人等重要精神;同时,现代教育也应重视开发人的禀赋、挖掘人自身蕴藏的潜能,关注人当下的现实需要和未来的发展需要,更应重视人自身的价值及如何使他们实现个人价值,并且应致力于使人自尊、自爱,增强人自立、自强的意识。正是由于现代教育坚持以人为本的理念,所以人们的精神品位和生活质量也在持续提高,人的生存能力和发展能力也得到了提高,进而人的自身也得到了发展与完善。鉴于此,现代教育不仅成了增强民族凝聚力的重要手段,也成了提升综合国力的基础,并渐渐地融入了时代的潮流之中,十分受人们的青睐。

(二) 全面发展理念

促进人的自由全面发展是现代教育的宗旨。因此,现代教育十分注重人发展的全面性和完整性。从宏观上说,现代教育是面向国家全体公民的教育,是注重民族整体的全面发展的国民性教育。它要使社会上的每一个成员都能通过正规或者非正规的渠道接受一定的教育。它的根本目标是全面提升整个民族的思想道德修养,大力发展整个民族的科学文化素质,提高民族的知识创新能力和技术创新能力,增强国家的综合国力。从微观上说,现代教育是面向全体学生的教育。它要使每一个学生都能在原有的基础上得到一定的发展,使每一个学生都能达到社会规定的合格标准,使他们成为社会需要的合格人才。它的根本任务是促进每一个学生在德、智、体、美、劳等方面的全面发展,将学生造就为全面发展的人才。这就要求人们在教育观念上,要将传统的应试教育观念改变为素质教育观念,将精英教育、专业性教育转变为大众教育、通识性教育;在教育方法上,要改变只注重提高成绩、不注重学生身心发展的方式方法,而采取促进学生德、智、体、美、劳全面发展的、整体育人的方针政策。当然,全面发展并不是平均发展,它会给予每个学生平等的个性发展机会和自由选择机会。

(三) 素质教育理念

传统教育的教育思想和方法只重视传授和吸纳知识,不利于学生的全面发展。

因此，现代教育摒弃了这种教育思想和方法。现代教育重视的是在教育过程中转化知识，即将知识转化为能力，内化为学生的良好素质。它强调的是知识、能力和素质三者在整个人才结构中的相互作用、相互渗透与和谐发展。传统教育过于重视知识的传递和考试分数，往往忽视了学生的实践能力和综合素质的发展。针对这一弊端，现代教育更加强调锻炼学生的实践能力，培养学生的综合素质。现代教育认为，与知识相比，能力和素质要更重要、更持久、更稳定。现代教育把培养与提高学生的综合素质作为教育教学工作的中心，把帮助学生学会学习和提高学生个人素质作为基本的教育目标，为的是将学生蕴藏的多种潜能全面开发出来，使学生的知识、能力和素质共同发展、和谐发展，提高学生的整体发展水平。

（四）创造性理念

实现将知识性教育转变为创造力教育是传统教育转向现代教育的重要标志之一。因为在以知识为基础、以脑力劳动为主体的知识经济的概念下，人的创造性作用体现得更为明显，人的创造力潜能也成了最具价值的资源。现代教育充分强调教育教学过程应该是一个极具创造力的过程，要以培养学生的创造力为基本目标，积极挖掘学生的创造力潜能。现代教育主张在营造教育教学环境时，要运用创造性的教育教学手段，同时还要结合优美的教育教学艺术；在培养人才时，要培养学生的创造力，将学生培养为创造型人才。现代教育认为创新精神和创业精神二者相结合形成的生态链才是完整的创造力教育的构成要素。因此，加强创新教育和创业教育并且促进两者相互融合，培养出创新、创业型人才也成了现代教育的基本目标。

（五）主体性理念

现代教育其实是一种主体性教育。因为现代教育对人的主体价值给予了充分的肯定，积极弘扬人的主体性，有效激发教育主体的能动性，并使其在一定程度上得到提高，同时也增强了人的主体意识，提升了人的主体能力，使受教育者不再被动接受外在的、客体实施的教育，而是自主地进行自我教育活动。尊重每一位学生的主体地位是主体性理念的核心。主体性理念主张始终以"学"为中心来开展"教"

的活动，最大限度地激发学生的内在潜力和学习动力，将学生转变为积极主动的主体，而不再是被动地接受性客体。真正的教育过程应是学生自觉自主地学习的过程和自我构建的过程。因此，主体性理念要求将以教师、教材、课堂为中心的传统教育模式转变为以学生、活动、实践为中心的现代教育模式。这种新颖活泼的主体性教育模式倡导的是快乐教育、自主教育、成功教育以及研究性学习等，这种模式才能点燃学生学习的热情，才能更好地培养学生的各种兴趣，才能促进学生养成良好的学习和生活习惯，使学生的学习能力不断提高，促进学生积极主动地学习和发展。

（六）个性化理念

多元的个性发展才是创造精神和创新能力的重要源泉。我们处在知识经济这个创新的时代。这个时代需要大批的人才来支撑，而这些人才必然是具有丰富且鲜明的个性的个性化人才。正因如此，个性化教育理念才应运而生。现代教育强调的是尊重个性、正视个体差异；它不仅允许学生发展得不同，而且鼓励学生的个性发展；它会采用不同的教育方法和评判标准来对待学生不同的个性特点，会创造出更有利于学生个性发展的条件。现代教育注重的是学生的身心素质特别是人格素质的发展，因此，它要求教育教学的每个环节都要贯彻培养和完善个性的理念。首先，在教育实践过程中，个性化理念要求创设个性化的教育环境，营造个性化的教育氛围，搭建个性化的教育平台。其次，在教育观念上，个性化理念提倡精神宽容、地位平等和师生互动，承认并且尊重不同学生之间的个性差异，为每一个学生的个性展示提供平等的机会，为每一个学生的个性发展提供有利的条件，鼓励每一个学生展示自己的个性和长处。最后，在教育方法上，个性化理念注重因材施教，实行个性化教育，要求针对不同个性的学生采取不同的教育措施，最终达到将共性化教育转变为个性化教育的目的，为学生个性的健康发展提供足够的成长空间。

（七）开放性理念

现如今，我们正处在一个空前开放的时代。科学技术高速发展、日新月异，为我们的生活带来了便利，也让我们的世界逐渐成了一个联系更加密切的有机整体。

一种全方位开放的新型教育打破了传统教育的封闭式格局。这种新型教育从教育资源、教育内容、教育目标、教育观念、教育方式、教育过程和教育评价等方面全面取代了传统的封闭式教育。

1. *教育资源的开放性*

即充分开发、利用一切可以利用的教育资源以服务于教育活动、激活教育实践。这些教育资源可以是现实的、物质的、传统的、民族的,也可以是虚拟的、精神的、现代的、世界的。

2. *教育内容的开放性*

即所设置的教育教学环节和课程内容要面向未来、面向世界、面向现代化,消除教材内容封闭化,使教学内容变得新颖、开放、生动,而且更具有包容性。

3. *教育目标的开放性*

即教育应该不断地开启学生的心灵世界,激发学生的创造潜能,不断地提升学生的自我发展能力,不断地拓宽学生的发展空间。

4. *教育观念的开放性*

即一个民族的教育要广泛汲取世界上所有的优秀的教育思想、教育理论和教育方法。

5. *教育方式的开放性*

即教育走的道路应该是国际化的道路、产业化的道路和社会化的道路。

6. *教育过程的开放性*

即教育要从学历教育拓展到终身教育;要从课堂教育延伸到实践教育,延伸到信息网络化教育;要从学校教育拓展到社区教育,拓展到社会教育。

7. *教育评价的开放性*

即改变单一文本考试这一传统的教育评价模式,建立多元的教育评价体系,使教育评价机制更富有弹性。

(八) 多样化理念

现代社会所处的时代是一个多样化的时代。高度分化的社会结构、复杂多变的社会生活和多元化的价值取向使教育的发展趋势也呈现出了多样化的特点。教育多样化首先体现为教育需求多样化。现在的经济社会的发展十分迅速且千变万化，所以对人才的各方面要求必然会随着社会的发展而变得多样化。其次，办学主体、教育目标和管理体制等也体现出了多样化趋势。最后，教育的形式和手段也变得灵活多样，教育质量和人才质量的衡量标准也逐渐变得弹性化、多元化。以上这些都表明，相关部门或教育机构在管理教育教学过程和设计教育教学活动时，会面临更多的挑战。多样化理念要求相关部门和教育机构根据不同的办学层次、不同的办学类型、不同的管理机制柔性设计与管理教育教学活动。它推崇的是弹性教学与管理的模式，因为这种模式与教育教学实践更加符合。为了促进教育事业的繁荣发展，它主张建立更加多元的社会政策法规体系，营造更加宽松的舆论氛围。

(九) 生态和谐理念

在大自然中，植物、动物、微生物等都无法离开良好的生态环境而自由生长。当然，人也一样。而且社会生态环境对人的成长的影响是十分重要的，只有宽松和谐的社会生态环境才能促进人才的健康成长。现代教育主张将教育活动作为一个有机的生态整体。从教育活动的内部条件来说，这个整体的和谐性体现为教师与学生的和谐相处、课堂与实践的有机统一、教育内容与方法协调一致等；从教育活动的外部条件来说，这个整体的和谐性体现为教育活动与整个育人环境的协调统一，教育活动与文化氛围的亲和融洽等。现代教育要求教育者在教育的每个环节都要营造融洽、和谐的氛围，以形成完整统一的教育生态链，让人才健康成长所需要的养分、土壤等各因素之间产生和谐共鸣，最终达到生态和谐地育人的目的。因此，现代教育倡导的是和谐教育，追求构建有机的生态教育环境，在整体上努力做到教学育人、管理育人、环境育人等，为人才的健康成长创造出最佳的生态环境，以推动人才的生态和谐发展。

（十）系统性理念

随着知识经济和学习型社会的到来，现代教育也实现了终身教育。对个人来说，教育是其一生中最重要的活动之一；对国家来说，教育是国之大计、党之大计。因此，教育不仅是学校的事情，也是整个社会进步与发展的大事；教育不只是为了提高个人素质，更重要的是提高整个国家的国民素质；教育也不仅是满足个人精神文明需求的活动，更是国家精神文明建设和两个文明协调发展的战略性大业。教育是一项复杂的社会系统工程，由多方面的各种要素组成，涉及多个部门、多种行业，因而，如果想要搞好教育，就必然需要整个社会全员参与，共同奋斗。我国正在形成的社会大教育体系，与传统教育体系明显不同，它以系统工程的理念为指导，进行统一规划、统一设计和一体化运作。它的目标是培养学生的自主学习能力，提高学生的生存发展能力。它主张在社会系统内部各部门和各环节协调运作的基础上，完成健全教育社会化网络的工作，并把该工作作为构建教育环境工作的中心，进而促进大教育系统工程的良性运转。

第二章　新时期高校教育管理过程研究

任何一种管理都是一种活动过程。高校教育管理也不例外。所谓高校教育管理过程，就是指在高校管理者的协调管理下，综合利用高校的人、财、物、时间、空间、信息等资源，充分发挥管理的各项职能，使整个高校管理系统有效运转的过程。高校教育管理过程主要包括四个环节，即计划、执行、检查和总结。在整个管理过程中，沟通、协调与控制是其中非常重要的要素，关乎高校管理的高效率运转。本章主要就新时期高校教育管理过程的相关内容进行一定的论述。

第一节　高校教育管理过程的特点与基本环节

在教育管理学中，学校管理过程一直是一个被关注的话题。关于管理过程的概念，自20世纪以来就已经有诸多国内外学者从不同的角度给出了不同的观点。例如，有的学者从管理职能出发研究管理过程；有的学者从管理者思维的角度研究管理过程；有的学者通过引入系统论、控制论来研究管理过程等。这些研究从不同维度拓宽了人们研究高校教育管理过程的视角。若对高校教育管理过程做一个详细的定义，则如下所述：高校教育管理是指在高校管理者的协调管理下，综合利用高校的人、财、物、时间、空间、信息等资源，充分发挥管理的各项职能，使整个高校教育管理系统有效运转的过程。这一过程既有其独特的特点，也有基本的环节。

一、高校教育管理过程的特点

（一）以育人为中心

高校教育管理的根本任务就在于保证实现高等教育的目标，完成各项教育教学任务。因此,高校管理者必须在高校教育管理过程中贯彻育人的目的。也只有围绕育人来进行各项管理活动,才不会在大的方向上有所偏离,也才容易实现管理目标。高校教育管理过程以育人为中心的这一特点要求高校管理者必须科学地确定培育人才任务的管理目标,制订规划和计划,把全校教职工组织起来实施规划和计划,检查监督计划的实行,总结工作绩效,评价学生素质水平。

(二)具有较强的有序性

高校教育管理过程是按照一定的程序来进行的。至于具体是什么程序,不同的学者有不同的看法。按照学术界的一般认识,高校教育管理过程主要分为四个环节,即计划、执行、检查、总结。这四个环节的顺序不能颠倒,全部过程要按顺序完成,构成一个循环,形成一个高校教育管理周期。尽管在实际的管理工作中会受到多种因素的影响,操作起来会复杂很多,但是它们的前后次序是不能颠倒的。可见,高校教育管理过程具有较强的有序性。

(三)具有一定的控制性

高校教育管理过程的运转总是会受到一定条件的制约。这些条件主要包括国家的教育方针、政策、教育目的、管理目标以及管理体制等方面的要求。

(四)具有动态的整体性

高校教育管理过程的各个环节是相互联系、相互促进,有机结合在一起的,而非一个个孤立的部分。在管理过程中,计划统率着整个管理过程,执行是为了实现计划,检查是为了监督执行,是对计划的检验,总结则是对计划、执行、检查的总评价。每一个环节都有反馈回路,动态地推动工作前进,促进决策的不断完善。

(五)注重调动人的积极性

高校教育管理过程的正常运转并不是依靠一些管理者就可以实现的,而是需要每一个相关的人的配合与努力。因此,高校教育管理过程的每个环节都要调动高校相关人员的积极性,尤其是高校师生。具体来说,制订计划时,需要考虑如何从计划中体现激励的作用;执行时,需要考虑如何进行组织、协调,才能调动各部门、个人的积极性;检查和总结时,需要考虑到检查的结果对教职工积极性的影响。

调动人的积极性就必须做好人的工作,特别是思想工作。因此,在高校教育管理过程的每一个环节中,管理者都要做好人的教育工作。

二、高校教育管理过程的基本环节

要想深入、系统地了解高校教育管理过程,就必须充分把握高校教育管理过程的基本环节。学术界普遍认为,高校教育管理过程有四个基本环节,分别是计划、执行、检查和总结。这四个环节按照一定的顺序有机地结合在一起,构成一个动态的管理过程系统。

(一)计划

计划,是指高校管理者在高校教育管理工作中预先拟定的行动纲领。制订计划是高校教育管理过程的第一个环节。管理活动能否取得成功,计划起着非常重要的作用。

1. 计划的特征

在高校教育管理过程中,计划主要呈现出以下4个特征:

(1)目标性

高校管理者制订计划主要是为了实现既定的目标,包括达到目标的具体指标、方法、步骤、时间和具体措施,而不是为了计划而计划。所以,计划的目标性很强。

(2)普遍性

作为高校的任何一位管理者,都必须有所计划。只有在一定的计划之下,管理者才能有效地组织实施,达到特定的目标。所以,计划是具有普遍性的。

(3)可行性

计划的可行性主要表现为,计划中总是会包含有切实可行的方法和步骤,是能付诸实践的。

（4）效益性

高校教育管理中的任何计划都必须考虑高校教育管理的效益问题。科学的计划会给高校带来良好的社会效益和经济效益。

2. 计划的过程

（1）调查、掌握材料

计划的第一项工作就是调查、掌握材料。调查主要是为了全面摸清高校教育管理的实际情况，为制订计划奠定坚实的基础。为此，高校管理者应根据自身的实际情况以及工作岗位的特点，收集数据和资料，全面积累数据，充分掌握资料，并以此为基础整理数据和资料，运用预测的方法，明确高校教育管理工作的方向。

（2）确定目标以及次序

高校管理者应该根据高校管理工作的方向，来分层次确定计划的目标，并将目标按一定的次序排列，然后切实按照计划来行事。那些对高校管理者来说最为重要的事情可以排在第一位，并用特殊的符号注明，如"X"；然后，按照重要性程度分别确定第二位和第三位等；在同等重要的计划中，可以分别按照重要性在符号上加上数字，如"X1""X2""X3"等。

（3）确定行动方案

高校管理活动在确定具体的行动方案之前，要召集相关人员进行民主讨论。根据决策的要求，对多种方案进行比较、研究，分析各种方案的利弊，吸收其中的精华，融为一体，从而制订切实可行的计划。最后拟定的计划方案必须经过合理的论证。论证的内容包括计划依据的可靠性、计划方法的科学性、计划实施的可行性、计划效益的显著性等内容。为了保证论证效果的合理，可以在论证过程中聘请有关专家进行指导。

（4）计划的执行与控制

行动方案确定后，执行计划，也就是按照计划要求的方式、方法和进度进行。在执行过程中，高校管理者应定期对目的、要求、质量、进度等进行检查监督，发现问题及时处理。若属于执行方面的问题，应及时纠正执行中的偏差；若是计划本身的问题应对计划进行相应的调整。

（二）执行

执行是高校教育管理过程中的中心环节。它是指高校管理者调动和运用各种资源，把计划中规定的任务与目标贯彻落实到高校教育教学和管理活动的实际工作中，实现高校管理计划与任务的活动。没有执行环节，管理的一切要求和愿望都将无法实现。

1. 执行的内容

执行环节的工作内容有很多。作为高校管理者，在这一阶段应重点做好组织、指导、协调和激励四项工作。

（1）组织

组织是指高校管理者安排各种办学资源，使之具有一定的系统性或整体性，以达到预定目标的活动。

①组织的地位和作用

第一，组织活动可以建立和协调各种关系，促进社会效益和经济效益的提高。

第二，组织活动可以使学校管理资源在计划执行过程中进行优化组合，随时解决其中出现的问题和矛盾，从而提高管理的效率。

第三，组织活动可以完善学校的组织机构，促进学校管理体制的改革。

②组织活动的内容

第一，任务的合理分配。这主要是指将高校计划的任务分别分配到各个职能部门，明确各自的职责和任务。

第二，高校管理资源的妥善安排。这主要是指将人、财、物、时间、空间和信息进行合理有效的配合，以综合发挥各种资源的效用。

（2）指导

高校管理者将任务以及资源安排妥当以后，应注意指导各部门和各人员按照任务和目标来行使自身的职责。作为高校领导者,要让下属明确去干什么,下属在执行过程中遇到困难、问题时,要对他们进行有效的指导。总的来说,高校管理者的指导主要针对工作方法和工作安排来进行。

高校管理者要使其指导发挥真实有效的作用,应注意以下事项:

第一,深入第一线,全面及时地捕捉真实反馈信息,做到多谋善断。

第二,敢于指导、善于指导。要通过对点上工作的指导,带动面上工作的指导,以达到以点带面的目的。

第三,注意创设良好的人际关系和环境氛围,虚心听取学校师生的意见。高校管理者应当指点而不说教、帮助而不代替、引导而不强加、批评而不压制,不能强制命令,不能越级指挥。

（3）协调

在高校教育管理的执行过程中,由于学校的外在环境和内在因素都在不断发生着变化,各种关系也处于变化之中,因此,特别需要协调工作。所谓协调,即高校管理者促使高校各方面的力量为实现统一目标而相互配合、步调一致、和谐发展的活动。

作为执行环节中的关键一环,协调能够使各种高校管理资源达到优化组合,保证各个方面、各个环节的均衡发展,使高校管理的任务有效实现。

协调工作主要有两个方面的内容:一是协调执行情况和原计划之间的矛盾;二是协调部门间和成员间的关系。对于高校教育管理来说,协调好教学管理与德育管理,协调好各个部门,使之形成合力,促进高校的良性发展,有着十分重要的实际意义。

（4）激励

激励,是指高校管理者运用一定的手段,激发教职员工的工作热情,调动教职员工的积极性和创造性。在高校教育管理的执行过程中,教职员工难免出现精神不振、工作疲惫的状况,这就非常有必要采取一些激励手段。

合理的激励措施能够促使广大教职员工在执行计划过程中焕发出勃勃生机，促使他们积极为高校管理出谋划策，为实现计划而进行不懈的努力。一般而言，提高教职员工的积极性主要有物质激励和精神激励两种手段。在激励工作中，最好是充分结合两种激励手段来鼓舞教职员工的干劲，鼓舞他们的士气。

2. 执行的要求

（1）以身作则，优化配置各种资源

高校管理者在执行过程中，应该以身作则，身先士卒，起到表率作用，要求别人做到的，自己要先做到，并且要创设各种条件，为高校的教职工实现既定的计划提供可靠的资源保证。

（2）了解实情，并及时有效地化解各种矛盾

矛盾是事物发展的动力。高校的管理计划在执行的过程中，部门与部门之间、个人与个人之间不可避免地会出现一些或大或小、或多或少的摩擦。对此，高校管理者要做到胸中有数，同时要善于利用自己的智慧，了解实情，根据高校管理的相关规定或基本原则，对出现的矛盾给予合情合理的处理，最终达到化解矛盾的目的。

（3）赏罚分明

高校管理者要根据各个职能部门的特点以及相关规章制度的规定，将高校制订的计划分别分配到不同的部门和个人，并且按照章程授权给不同的管理者，要求他们领导下属的员工来执行。在执行过程中，出现问题要做到赏罚分明。

（三）检查

检查，是指高校管理者对计划执行情况进行监督、考核，并发现问题，给出指导建议的活动。检查环节在高校教育管理过程中也是不能缺少的一个环节。它处于执行和总结之间，发挥着承上启下的作用。通过检查，能够对计划的科学性及计划的实施效果进行全面的评估和考察；能够对学校领导人员和管理人员自身的各项能力进行考核和评价；能够对教职员工进行相应的考核与监督。

1. 检查的内容

（1）监督

高校管理者要经常深入实际，查看各项工作情况，依据计划要求、规章制度的规定，督促下属部门和教职工完成既定的任务。通过考察进行的监督活动一般可分为定期考察、不定期考察、专题考察、全面考察、直接考察、间接考察等。

（2）考核

考核是高校管理者对高校管理工作进行的考察审核活动。它是检查活动中的一项重要内容，一般分为高校管理者在内的教职工考核和学生考核。考核的内容一般包括德、能、绩、勤等方面。

（3）指导

虽然检查是针对过去的工作情况进行的活动，但不是向后看，而是为了向前看。因此，通过检查不仅要发现问题、指出问题，而且还要提出可行的建议，指导员工更好地执行学校的各项计划。

2. 检查的要求

（1）根据计划内容确定检查对象、步骤与方法

开展检查活动时，管理者必须熟悉计划的内容，根据计划的内容，分别确定检查的对象，探讨对象的特点以及工作的性质，然后根据工作的性质，针对不同的部门和个人，来选择适宜的检查方法，确定检查的步骤。常见的检查方法有考评打分、巡视观察、个别交谈、随堂听课、翻阅教案等。

（2）以原计划为依据，公正客观地进行检查

检查必须尊重客观事实，以实事求是的态度，客观地、全面地、深入地进行检查。检查的客观性在于要以计划和收集的事实材料为依据，不能主观臆断。检查的全面性在于要对所有的计划内容进行检查，不能顾此失彼、厚此薄彼。检查的深入性在于要对情况进行深入了解，不能做"表面文章"。

（3）将检查与指导、调节结合起来，讲究实效

检查应注意对高校教育管理工作的指导以及对各部门、个人之间工作的协调，通过指导与协调，来提高高校管理的效率。

（四）总结

所谓总结，是指对高校教育管理工作进行整体分析、全面评价的活动。它是高校教育管理过程的最后一个环节，标志着一个管理活动周期的结束，又预示着下一个管理周期的开始。总结对于高校教育管理工作有着非常重要的意义。其不仅有助于更好地判断高校教育管理工作，而且还有助于进一步提高高校教育管理工作质量和管理水平。

1.总结的类型

高校教育管理过程中的总结有很多种，从不同的标准出发有不同的类型。

（1）按照时间，总结可分为一个管理周期的完整总结、领导班子任期总结、学年总结、学期总结等。

（2）按照承担主体，总结可分为全校总结、部门总结和个人总结。

（3）按照工作性质，总结可分为全面总结和专题总结。

全面总结和专题总结在高校教育管理过程中经常被提到。其中，全面总结属于常规性总结，是在一个管理周期结束或一个学期结束时，对学校方方面面的工作做出系统的总结和全面的评价；而专题总结主要是针对某一领域中的问题进行的总结，如高校针对教学质量问题，进行教学质量方面的专题总结。

2.总结的基本要求

（1）树立正确的指导思想，具有鲜明的目的性

高校管理者在进行总结时应该树立正确的指导思想，突出鲜明的目的性。这就要求其必须做到：不单纯为了惩罚与奖励而总结；不流于形式；总结中注意发现问题，解决问题；为了更好地做好未来的工作而总结。

（2）要有全面、真实、有效的检查考核材料

高校教育管理过程中的总结要以事实为依据，必须有详细的总结材料，否则就不能起到应有的作用。这些材料应当依靠平时的观察和记录来收集。

（3）要与计划要求相对应

总结是对计划执行情况进行评价的过程。如果总结脱离了计划，则不仅会使原有计划、目标失去意义，而且还会使总结缺乏客观依据和标准。因此，高校管理者在总结时必须以计划为依据，以计划中制定的目标作为评估的标准和依据。

（4）注重规律和经验的总结

从实质上而言，总结就是要把握高校管理工作的规律性，使经验上升为理性认识。因此，高校管理者做总结时，应当既分析成功的原因，又分析失败的教训，不只要找外在的原因，还要找内在的原因。

第二节　高校教育管理过程中的沟通、协调与控制

一、高校教育管理过程中的沟通与协调

（一）沟通与协调的概念

沟通，即个体与个体之间、个体与群体之间思想与感情的传递和反馈过程。协调，即对各项工作及各个人员的活动进行调节，使之和谐一致的过程。在高校教育管理过程中，沟通与协调往往会存在一些不同的解释。按照学者赵中建的观点，学校教育管理过程中的沟通是指学校管理者与学校成员之间的信息、思想和价值观等方面的相互传递、交流、反馈和共享。按照学者黄兆龙的观点解释，学校教育管理过程中的协调具有双重含义：一是指现代学校管理系统内部以及学校与公众之间的比较和谐一致的状态。二是指现代学校管理系统为促使系统内部及学校与社会公众的相互适应、相互合作做出的调整、平衡行为。

由于沟通与协调是两个联系非常紧密，有很多共同点的概念。因此，本章将沟

通与协调放在一起,将其作为一个整体来探讨。据此,高校教育管理过程中的沟通与协调的界定可表述如下:为促进高校教育管理过程中可理解的信息在两人或两人以上的人群中进行传递、交换、反馈的措施和过程,用以促进沟通双方的理解,推动管理的顺利进行。

(二)沟通与协调在高校教育管理过程中的意义

沟通与协调是保障组织发展的生命线,联系着组织的各个部分,指引着组织发展的方向。因此,在高校教育管理过程中,沟通与协调有着相当重要的作用。这主要表现在以下几方面:

(1)沟通与协调是保障高校管理组织内的个体和各个要素凝聚于组织整体的重要手段。学校就是一个系统,学校中任何一个部分的变化都对整个系统产生影响。因此,沟通与协调可以说是联系高校各个组成部分的纽带。

(2)沟通与协调是推动高校管理组织与外部环境营造良好关系的主要手段。

(3)沟通与协调是高校领导人员激励下属的重要途径。

(4)高校教育管理中的计划、组织、指导、控制过程都离不开沟通与协调,其贯穿高校管理过程的始终。

(三)高校教育管理过程中沟通与协调的类型

1. 内部沟通与协调和外部沟通与协调

这是根据沟通与协调对象的不同所划分的类型。

(1)内部沟通与协调

内部沟通与协调,是指发生在高校管理组织内部的,以维持组织正常运作为目的而进行的信息传递、加强理解的措施和过程。这种沟通与协调正是本书所重点阐述的,并且主要是从高校教育管理人员的角度出发来探讨。

(2)外部沟通与协调

外部沟通与协调,是指以宣传组织、保障组织的发展、提高组织服务为目的而进行的各类沟通与协调行为,面向的是高校管理组织所处环境内的公众。这种沟通与协调在近年来也呈现出一定的服务性特点。例如，高校在招生过程中会提供历年升入高一级学校的升学率的信息、报考指南以及新生生活指南等。

2. 上行、下行和平行沟通与协调

这是根据组织中信息的流向所划分的类型。

（1）上行沟通与协调

上行沟通与协调，是指高校管理组织中作为下属的人员向上级反映情况或反馈意见的沟通与协调过程，是自下而上的沟通，即信息流向从下属到上司的过程。

（2）下行沟通与协调

下行沟通与协调，是指在高校的教育管理过程中，信息由管理人员向下级流动的沟通与协调过程。例如，高校管理者传达信息和指令；提供有关学校的最新发展动向信息等。

（3）平行沟通与协调

平行沟通与协调，是指发生在平行的部门以及人员之间的沟通与协调，属于横向沟通与协调。值得注意的是，高校管理组织成员中的非正式沟通也属于平行沟通与协调。

3. 组织沟通与协调和人际沟通与协调

这是根据高校管理沟通与协调发生的范围和涉及的主体划分的类型。

（1）组织沟通与协调

组织沟通与协调，是指在教育组织内或组织之间，借由正规的组织机构和固定的传播渠道，根据组织的相关制度和规定而进行的沟通与协调。例如，高校内部相关制度制定过程中意见的征求、高校管理过程中各类通知的发布和传达、校内例会的召开等。这是一种正式的沟通与协调，是发挥管理职能、衔接管理过程的重要纽带。它具有指导性、规范性、权威性和程序性等特点，但是缺乏灵活性，机动性差，传播速度比较慢。

（2）人际沟通与协调

人际沟通与协调，是指通过正规沟通渠道以外的渠道进行的信息传递与交流。例如，高校内部师生员工之间的私下交流、校内师生员工参与的校友会或同乡会之类的非正式组织。这是一种非正式的沟通与协调。高校管理者在运用人际沟通与协调时，一定要进行相应的规范和引导，尽量避免与组织理念不相符的思想产生，以保障组织的凝聚力和稳定性。

4. 媒介式沟通与协调和情感式沟通与协调

这是根据沟通与协调的途径所划分的类型。

（1）媒介式沟通与协调

媒介式沟通与协调，是指借助一定的传播媒介，以口头、书面或者符号等形式，将信息、想法和要求等传达给接收者，进而影响信息接收者的行为，最终达到促进组织发展的目标。这种沟通与协调满足的是组织内信息交流和传递的需要。

（2）情感式沟通与协调

情感式沟通与协调，是指高校管理组织的成员通过沟通与协调联系双方的情感，获得精神上的交流、谅解或达成共识，最终达到改善彼此间关系的目的。这种沟通与协调满足的是组织内部人际交往的需要。

（四）高校教育管理过程中沟通与协调的模式

1. 单向线性沟通与协调模式

（1）单向线性沟通与协调模式的概念

所谓单向线性沟通与协调模式，是指由信息发送者发起，终止于信息接收者的沟通模式。这一模式在高校教育管理过程中有较为广泛的应用。例如，高校管理者发布书面通知和文件、下属跟上级管理人员汇报情况、在教师组织的某个活动中有关某一个主题的演讲等，都是这一模式的具体表现。

在信息传播过程中，有编码和解码两个过程。编码是通过对发送信息的形式以及语言措辞等的选择，将信息变得更加容易理解的过程，解码是信息接收者通过理解分析等方式探求到信息本质的过程。

（2）高校教育管理过程中单向线性沟通与协调模式的优缺点

①单向线性沟通与协调的优点

第一，它要求信息发送者具有一定的技巧。高校管理者和教师需要经过缜密思考，将自己的想法准确明晰地表述出来，并通过解释、说明和描述，保证信息的具体化。

第二，它暗示沟通行为与行动之间有强烈的联系，即"有令必行"，同时更加注重效率和总体目标的实现。当高校管理人员正式而直接地下发关于执行某项决策的通知时，某种程度上就表示无须再与沟通对象进行商议，而是直接要求得到关于这项决策的执行结果。

②单向线性形沟通与协调的缺点

第一，高校管理人员在单向线性沟通与协调中明确表明了一个信息或理念，但是并不一定被信息接收者理解。

第二，由于要求信息接收者必须执行，因而容易造成信息接收者的抵触和对立情绪。鉴于这种情况，高校管理中不能只采用这一种沟通与协调形式，否则有时很难达成高校内部各类人员的相互理解以及组织目标的实现。

（3）单向线性沟通与协调的原则

①客观原则

在高校教育管理过程中，采用单向线性沟通与协调模式进行沟通与协调，管理者要注意控制好信息传递和理解的各个阶段的人员情绪，要实事求是，摒弃偏见。

②强制原则

在单向线性沟通与协调中，信息的发送者并不要求得到信息是否传达的反馈，而是要求直接看到所要求的结果。例如，高校管理部门下发的公文要求有令即行。

③技巧原则

这一原则要求信息发送者在编码过程中要掌握一定的技巧，特别是信息发送者的语言表达能力、沟通形式的选择能力等。

2. 双向环形沟通与协调模式

（1）双向环形沟通与协调模式的概念

所谓双向环形沟通与协调模式，是指信息的发送者和接收者之间进行的是双向的信息交流和传递。这种模式的形成需要信息接收者对信息发出者做出回应。在这种沟通与协调模式中，沟通者可以是两个，也可以是多个。

实际上，如果有多个沟通者参与时，沟通模式往往会出现相应的变化，信息流向会趋向于网络状，每个人都承担着信息的发送者和接收者的双重角色。二者的角色会不断转换，信息发送者同时需要听取信息接收者的反馈意见，必要时还需要不断地交流和协调以最终达到对信息的理解。

（2）双向环形沟通与协调模式的优缺点

双向环形沟通与协调是一个互相影响的过程，直接指向通过说与听而得到的新的发现和理解。在沟通与协调的过程中，参与者不断建构自己的理解，决定自己要采取的行为，并实现自己的目标。

①双向环形沟通与协调模式的优点

采用双向环形沟通与协调模式，信息接收者有反馈意见的机会，参与者的责任心容易提升，人际关系和管理双方的理解与合作更容易得到增强。

②双向环形沟通与协调模式的缺点

在双向环形沟通与协调模式下，信息的发送者承受的压力比较大。例如，在高校中，校长在举行座谈会、讨论会时，容易受到信息接收者的当面质疑，此时校长的压力就特别大。

虽然双向环形沟通与协调模式存在一定的缺点，但与单向线性沟通与协调相比，其更能促进高校管理对象参与管理。鉴于此，现代高校管理组织更愿意采取这种模式进行沟通与协调。

（3）双向环形沟通与协调的原则

①参与原则

这一原则要求高校管理人员在询问问题、传播新观念、听取不同观点或意见的过程中，要采取一定措施，让广大沟通对象自愿、积极、公开地参与活动过程。

②交互原则

这一原则要求高校教育管理过程中信息发送者和接收者在双向交流时要相互尊重、关心，对特权或专家不能想当然地给予否定，对管理者也不应该妄加指责。

③持续原则

这一原则是指在沟通与协调过程中，发送者与接收者要对一系列共同关注的问题持续进行探讨，任何一方在听取意见后都不能置之不理。发送者与接收者正确的做法是积极回应对方的反馈，对于有可行性的意见要落实到行动。

（五）高校教育管理过程中沟通与协调的方式

高校管理沟通与协调的方式有很多，通常可将其分为以下几种：口头方式、书面方式、非符号语言、电子媒体等。

①口头方式沟通包括谈话、电话、会议、记者招待会等方式。

②书面方式沟通包括留言条、备忘录、信件和传真等。

③非符号语言包括谈话过程中的体态、表情、语音语调等以及书面沟通与协调中隐含的"言外之意"等，这是一种不通过语言文字或图像来传递信息的沟通方式。

④电子媒体包括电子邮件和网页等。

每一种沟通与协调的方式都有自身的优势和不足。

（六）高校教育管理过程中沟通与协调的策略

在高校教育管理实践中，信息发送者到接收者的沟通并非都是畅通无阻的。沟通与协调往往会受到很多因素的消极影响，如信息量过大，导致管理人员无暇处理，造成信息被忽略；受到信息传递过程中其他相关信息的干扰，对信息内容产生曲解；

信息接收者个人情绪化严重,影响思维和判断,对信息做出不合理的理解和应对等。为了获得更好的沟通与协调效果,高校管理者必须采取一定的策略,努力避免各种消极的影响因素。

1. 明确沟通与协调的目的

在高校教育管理过程中,沟通与协调一般都是以一定的目的为前提进行的。因此,信息发出者在正式沟通活动开始之前,要事先计划好沟通的内容,并明确沟通的目的。如果缺乏共同目标,只是为沟通而沟通,那么沟通和协调也将失去其实际的意义。

具体来讲,沟通与协调的目的,可以是单纯地交流信息;也可以是推行政策和制度,安排下级工作,激发工作热情;还可以是发起新的活动等。不管是什么样的目的,一般都应根据学校不同部门的工作性质和特点、要传达的信息的具体内容以及要达到的效果来确定。

2. 充分把握沟通与协调的对象

高校中的任何一个人都是一个独立的个体,都具有自身独特的个性。不同的知识水平、社会经历、性别、年龄等,会导致信息接收者对信息产生不同的理解。因此,为了减少信息接收者对信息的曲解,信息发送者就必须充分把握沟通与协调的对象。一般而言,把握的具体内容包括以下几个方面:

(1)把握对象语义理解方面的问题,如教师、学生和家长的不同理解方式和能力会使他们在解码沟通内容时可能得出不同的结论。

(2)把握沟通对象的社会地位、成长背景、学校内职务等。

(3)把握沟通对象所处的情境。根据所要传递信息的内容以及想要达到的效果,高校管理者应该对沟通的时间、地点和形式都给予充分的考虑,以同情境相适应,这样才能实现有效沟通。

3. 把握信息的容量限度及时效性

在高校教育管理过程中进行协调与沟通工作时,很容易发生信息超载的问题。

信息一旦超过信息接收者能够处理的范围,很多信息就会被忽略。例如,在会议过程中,信息的接收者会听到大量的言语信息,同时会收到相当多的文字形式的会议资料,这些资料由于容量过大,就容易使信息接收者忽略某些信息。因此,信息发送者应对信息进行筛选和综合,限制一定的容量。

此外,信息是具有时效性的,它需要一定的时间才能被传递、理解,然后信息中包含的任务要求才会得以执行。因此,在高校管理过程中,尤其是下达命令这样的单向沟通与协调,在下达关于完成某项任务的通知之前,管理人员应该预先估计该通知送达相关职能部门的时间,以保证任务的顺利开展和完成。

4. 选择适宜的沟通与协调方式

高校教育管理过程中的沟通与协调方式很多,如谈话、电话、会议、电子邮件、网页等。要想保持畅通的沟通渠道,沟通人员就必须选择最适宜的沟通与协调方式。通常情况下,应当根据沟通与协调的目标和沟通与协调的对象特点来选择沟通与协调的方式。

5. 构建有效的沟通与协调网络

高校管理组织要想形成有效的沟通与协调,还应当努力构建起各种有效的沟通与协调的网络。以下几种沟通与协调网络在高校教育管理过程中就非常流行。

(1)正式的沟通网络,如与政策、程序、规则的上传下达有关的管理网络,或者是与任务的制订和执行相关的网络。

(2)传播性网络,用以传播新闻和消息,如学校内正式出版物、布告栏以及小道消息等。

(3)反馈性网络,用以接收建议、获取反馈信息或者解决已经出现的问题。

(4)与表扬、奖励和提升有关的人员激励和管理方面的网络。

6. 学会倾听

管理者的倾听行为是改善组织管理的重要方法之一。良好的倾听技术能够促进沟通与协调的有效性。因此,作为高校管理者,一定要学会倾听。

首先，在倾听过程中，高校管理者尤其要注意体会教师及员工的反应和情绪，注意其表情、手势、眼神等非言语沟通所暗含的态度。

其次，要表现出乐于倾听的态度，要有耐心，可以主动提问以了解对方的态度，同时核实自己所理解的是否是沟通对象的本意。

最后，要正确对待来自下属的批评，分析批评产生的原因，在面谈过程中不要产生争执。

7. 及时处理冲突

所谓冲突，就是指双方由于价值观念、评判标准等不同而产生的对事物的不同态度。冲突的范围很广泛，从观点的分歧到战争都是冲突的表现形式。

在高校教育管理过程中，冲突往往可以根据双方的关系分为三类：一是管理人员之间由于管理理念或者处事方法的不同而出现的冲突。二是管理人员与被管理人员由于身份角色、任务分配、学校决策、绩效奖惩以及个人利益不同而出现的冲突。三是组织内成员在非正式交往过程中出现的冲突。

为了促进沟通与协调，管理者必须学会及时处理冲突。处理冲突的关键则是认识冲突，明确冲突双方的意图，确定问题所在。

二、高校教育管理过程中的控制

控制是管理的一项重要职能。同时，它也是管理过程中不可缺少的一个重要部分。有时候，管理的成败主要在于能否实施有效的控制。因为有效的控制是完成计划的重要保证，是实现组织目标的根本措施，是改进工作的有效手段。由此可见，高校教育管理必须重视控制。

（一）高校教育管理过程中的控制类型

高校教育管理过程中的控制主要有行政控制、内部控制和社会控制三种。以下将专门对这三种类型进行相应的探讨。

1. 行政控制

行政控制主要通过行政工作检查、监察、审计、督导等方式来进行。对于高校来说，行政控制，一方面指教育行政部门对高校的监控，另一方面指高校内部的行政控制，如通过层级结构对学校各项事务进行行政管理。需注意的是，教育行政部门对高校的监控需要限定在法定的范围内，对高校的行政管理主要体现在依法监督、检查和指导等方面，而不应该也不能够干预高校正常的办学事务和具体的管理事务。行政控制主要包括以下几种控制：

（1）规划控制

规划控制是指根据教育规划来实施控制。教育规划，又称教育事业的发展规划，是国家教育行政机关为了贯彻党和政府的教育方针、政策和法规，实现教育目标而制定的发展教育事业的指导性文件。在高校管理活动中，规划控制处于控制中的核心地位。

（2）法规控制

法规控制是指根据教育法规来实施控制。教育法规，即有关教育方面的法令、条例、规则、规章等规范性文件的总称，也是对人们的教育行为具有法律约束力的行为规则的总称。运用法规进行控制是当代高校管理法治化的具体体现。高校的法规控制主要体现在依法行政和依法治校中。

依法行政，是指教育行政部门按照现有的法律法规管理高校教育并推动高校教育事业的发展，或是以教育法律法规为依据，结合本地区高校教育发展的实际需要，制定一些具体的教育规章制度，并要求高校执行这些规章制度。

依法治校，是指高校根据现有的教育法律法规办学，或是执行上级教育行政部门提出的政策或规定，或是根据法律法规和教育政策制定适合本校实际情况的规章制度，以保证学校的日常运行。

（3）财务控制

财务控制，是指通过对一个组织中资金运动状况的监督和分析，对组织中各个部门、人员的活动和工作实施控制。在高校教育管理过程中，最常见的财务控制有预算控制、会计稽核和财务报表分析等。

预算是一种以货币和数量表示的计划，是关于为完成组织目标和计划所需资金的来源和用途的一项书面说明。高校要实施好预算控制，首先就应搞好收支预算，通过收支预算可以有计划地分配和使用获得的经费；其次要对高校教育的规模、设备和服务进行预算。

会计稽核主要是对高校财务成本计划和财务收支计划的审查，以及对会计凭证和账表的复核。通过会计稽核，能够及时发现高校财务中存在的问题，进而采取相应的措施进行解决。

财务报表是用于反映高校计划期末财务状况和计划期内的经营成果的数字表。分析财务报表，能够判断组织的经营状况，以便从中发现问题，进而解决问题。

（4）审计控制

在高校教育管理过程中，审计主要指教育系统内部审计机构、审计人员对财务收支、经济活动的真实性、合法性和效益进行独立监督、评价的行为。这种行为实际上是一种控制，这种控制可归纳为"检查经济责任的控制系统"。

对高校来说，最基本的经济活动就是财政收支、财务收支及其他经济活动。这些活动贯穿于高校业务运作的全过程，内容错综复杂，牵涉方方面面，并直接影响高校自身的生存、竞争与发展前途。因此，通过审计对高校的经济活动进行监控是教育管理过程中不可缺少的一个内容。

（5）督导控制

督导，即由教育督导组织及其成员根据教育的科学理论和国家的教育法规政策，运用科学的方法和手段，对高校教育工作进行监督、检查、评估和指导，以期促进教育效率和教育质量提高的过程。一般来说，教育决策主要由国家权力部门、政府及其教育行政部门进行；教育的业务和行政控制主要由教育督导部门承担。通过有效督导能够促进教育决策执行效果的提高，可以及时发现问题和解决问题，同时还能够为决策者提供全面而及时的反馈信息，使新的决策更切合实际。

2. 内部控制

高校教育管理过程中的内部控制主要包括以下两个方面：

第一，检查计划的执行情况以发现偏离计划的行为。当高校的教学质量、管理绩效等与教学计划发生差异时，领导的责任就是立即组织检查，分析和查明产生差异的原因，确定责任归属。

第二，纠正偏离计划的行为，即针对产生差异的原因和责任归属，提出改进的办法，予以纠正，或进行适当调整，或追究行为人的责任，使学校各项教育活动纳入计划轨道，保证计划的正确执行和完成。

上述两个方面是相互关联、互为条件的。对计划执行情况的检查是纠正偏差的前提条件，而纠正偏差是计划执行情况检查的后续手段。只有将这两个方面充分结合起来，才能充分发挥内部控制的作用，达到内部控制的目的。

高校教育管理内部控制主要采用以下三种控制方式：

（1）制度控制

制度控制就是指通过高校的教育规章、准则等形式规范与限制高校内部成员的行为，以保证高校管理活动不违背或有利于自身战略目标的实现。通过制度进行控制能够使教育工作者明确哪些是自己职责范围内的事情，以及怎样做好职责范围内的事情。因此，在高校教育管理过程中，制度控制是应用最广泛的控制策略。

（2）激励控制

高校教育管理中的激励控制就是指高校管理组织通过激励的方式重点控制管理者及教师员工的行为，使其行为与高校目标相协调。管理者及教师个人的行为动机、行为目标和行为方式都受到激励控制的诱导和支配。

从层级角度看，激励控制包括高校领导者对中、高层管理者的激励机制，中高层管理者对下级管理者及教师的激励机制。激励控制主要以利益导向为基本特征，通过利益约束机制规范管理者及教师的行为。

（3）评价控制

评价控制，是指通过对高校管理者及教职员工的工作按照一定的标准进行评判而实施的控制。它主要包括战略计划、评价指标（指标选择、指标标准、指标计算）、评价程序与方法、评价报告、奖励与惩罚等环节。属于一种高层次的控制，要求学校要有良好的校园文化，要求管理者具有较高的管理素质。

评价控制有明确的控制目标，有利于高校管理者及教师据此指导和纠正自身行为，有利于激发其实现评价目标过程中的主观能动性。不过，评价控制也存在一定的缺点，主要是缺少程序或过程控制，不利于随时发现与纠正偏差。

值得注意的是，奖励与惩罚是评价控制中非常重要的环节，不可忽视。通过奖励等手段能够激发高校管理者采取正确行动的内在积极性，诱导期望行为的发生；通过处罚等手段则能够在一定程度上阻止不良行为的发生。总之，科学合理的奖励和惩罚，可以使评价控制形成良好的循环。

3. 社会控制

高校不仅受政府、教育行政部门等的控制，还受到市场、社会力量的控制。市场控制主要指教育市场中的竞争环境控制着教育组织的运行。这种控制主要表现为要求高校办学必须向优质发展，要求教育决策必须民主化、透明化和公开化。

按照控制主体的不同，社会控制又可分为以下三种：

（1）公民控制

这种控制主要是通过举报、申诉、控告、走访、行政诉讼和提出建议等具体手段对高校管理机构及工作人员以及教师进行控制。

（2）舆论控制

这种控制主要是通过电视、广播、报刊、网络等对教育组织的实际情况进行报道和分析，以推动教育组织的健康发展。显然，它是以大众传媒为载体来反映公众对教育的意见和呼声。

（3）社团控制

这种控制主要是以团体为单位对高校管理活动实施监控，与公民控制相比，更具有组织性，控制力更大，影响力更强。

相对来说，社会控制具有广泛性、及时性、公开性、灵活性等特点，可以动员广大民众对高校教育活动进行监督和控制。因此，高校教育管理过程中社会控制也不可忽视。

（二）高校教育管理过程中控制的基本原则

无论在何种控制方式下，要想获得最佳的控制效果，控制工作都应当遵循一定的基本原则。高校教育管理过程中的控制应坚持以下几项基本原则：

1. 客观性原则

高校教育管理过程中的控制是通过纠偏来保证学校目标实现的，因此，控制信息要力求准确，控制标准要力求客观、准确。不准确、不客观不仅会影响工作的进展，而且会挫伤教育工作者的积极性和工作热情。坚持客观性原则，需要注意以下两个方面：

（1）尽量建立客观的衡量方法，对绩效用定量的方法记录并评价，把定性的内容具体化、客观化。

（2）教育管理人员要从学校组织的角度来观察问题，尽量避免形而上学，避免个人的偏见和成见，特别是在绩效的衡量阶段，要以事实为依据。

2. 及时性原则

在高校教育管理过程中，实际情况往往是复杂多变的，因此，控制不仅要准确，而且要及时。如果错失良机，即使提供再准确、再客观的信息也无济于事。当然及时不等于快速，及时是指当决策者需要时，控制系统能适时地提供必要的信息。坚持及时性原则，需要注意以下三个方面：

（1）及时准确地提供控制所需的信息，避免时过境迁，使控制失去应有的效果。

（2）事先估计可能发生的变化，使采取的措施与已变化了的情况相适应，即纠偏措施的安排应有一定的预见性。

（3）尽可能地采用前馈控制方式或预防性控制措施，一旦发生偏差，可以对以后的情况进行预测，使控制措施能够针对未来，较好地避免时滞问题。前馈控制就是指根据对组织未来的运行预期情况，及时预告组织运行可能出现的问题，提醒组织的有关部门和个人准备好对策。

3. 灵活性原则

未来的不可预测性总是客观存在的。在高校教育管理过程中，如果控制不具有弹性，则在执行时难免被动。因此，为了提高控制系统的有效性，就要使控制行为具有一定的灵活性。贯彻控制的灵活性原则，以下两个方面需要特别注意。

（1）高校管理者应制订多种有弹性的和能替代的方案，以保证控制在发生某些未能预测到的情况（如环境突变、计划疏忽、计划失败等）时仍然有效。

（2）高校管理者应采用多种灵活的控制方式和方法来达到控制的目的。需要特别注意的是，不能过分依赖正规的控制方式，如预算、监督、检查、报告等。过分依赖这些方式可能会导致指挥失误、控制失灵。

4. 控制关键点原则

客观来说，高校管理者不可能控制工作中所有的项目，而只能针对关键的项目且仅当这些项目的偏差超过了一定限度，足以影响教育目标的实现时，才予以控制纠正。因此，控制工作还应遵循关键点原则，也就是抓住活动过程中的关键和重点，进行局部的和重点的控制。

首先，在高校教育管理过程中，影响教育组织目标实现的主要因素就是需要控制的关键点。例如，学校是否依法办学、学生质量是否保证、教师工作积极性是否调动、学校的效率和效益是否提高等都是控制的关键点。

其次，特别容易出问题的薄弱环节，也是控制的关键点，需要管理者格外关注。

最后，控制过程中的例外情况，也是控制的关键点。例外情况的出现，往往由于缺乏事先准备而极易措手不及，从而对组织造成很大的影响。因此，管理者要集中精力迅速而专门加以解决。

一般而言，为了使关键点明确和便于操作，管理者应对关键点标准做出具体的规定，可以制定出实物标准、定量指标标准、定性无形标准和策略标准。无论何种标准都必须是相对客观的、可以衡量的、可以操作的，不然就无法发挥关键点的作用。

5. 经济性原则

高校教育管理过程中的控制是一项需要投入大量的人力、物力和财力的活动。这项活动涉及很多费用问题，因而必须把控制所需的费用与控制所产生的效果进行经济上的比较。这就是控制的经济性原则。坚持这一原则，管理者需要特别注意以下两个方面：

（1）实行有选择的控制，全面周详的控制不仅是不必要的也是不可能的，要正确而精心地选择控制点，太多会不经济，太少则会失去控制。

（2）努力降低控制的各种耗费，提高控制效果，形成有效的控制系统。

第三节　高校教育管理过程中的激励机制

一、激励的概念

激励，是指通过一定的手段激发人的动机，使人产生一种内在的动力，朝着所期望的目标努力的活动过程。从本质上来分析，激励就是探讨人的行为动力，即如何调动人的工作积极性，从而达到个人和组织的目标、提高工作绩效的问题。每个人的积极性都可以分为内在积极性和外在积极性，所以激励也就相应地有内在激励和外在激励。

内在激励涉及人的自我肯定和自我发展，是个人通过自身的信念和素养，为自己设立合理目标，给自己鼓舞士气，并持续投入热情和努力工作的心理过程。外在激励，则主要是通过组织和他人创设各种条件来激发内部成员工作积极性的过程。两者既对立又统一，因为从根本上来说，外在激励必须转化为内在动力才能真正有效地指导人的行为向预期目标发展。

激励对管理有着极为重要的意义。正如哈罗德·孔茨所说的，"领导者和主管人员（如果是有效的主管人员，几乎肯定是领导者）假如要设计一个人们乐意在其中工作的环境，就必须使这个环境体现出对个人的激励作用"，"一个主管人员如果不知道怎样激励人，便不能胜任这个工作"。①

在高校教育管理过程中，激励行为往往包括多个层次，既包括高校管理者对教师的激励，也包括教师对学生的激励，还包括每个成员的自我激励；既包括对这些教育个体的激励，也包括对教育集体的激励。由于高校教师是高校教育管理的主体力量，因此，高校管理的激励工作重点就是对于高校教师的激励。

二、激励理论及其对高校教育管理的启发

激励理论是行为科学中用于处理需要、动机、目标和行为四者之间关系的核心理论。随着社会经济的发展，社会上出现了多种激励理论。以下就是几种主要的激励理论。

（一）需求理论

在需求理论学派的人看来，人的行为动机是由需求引起的，从人的需求出发去解释"行为"，可以理解为"追求需求的满足"。需求主要从两个方面来说明人的行为：一方面，需求是个人或个体行为的动力或源泉。另一方面，需求是人的行为个性或特性的依据。当代西方最被认同的需求理论就是马斯洛的需求层次论。

马斯洛是美国著名的心理学家。他在1943年出版的《人的动机理论》一书中提出了需求层次理论。他认为，人类价值体系中存在着两类不同的需求，一类是沿生物谱系上升方向逐渐变弱的本能或冲动，称为低级需求和生理需求；另一类是随生物进化而逐渐显现的潜能或需求，称为高级需求。马斯洛将人的基本需求归纳为

---

① 哈罗德·孔茨.管理学国际视角[M].大连：东北财经大学出版社，2010.

以下五类：

（1）生理需求。这是人类最原始、最基本的需求，包括满足人的生存所必需的衣食住行等。

（2）安全需求。这是要求劳动安全、职业安全、生活稳定的需求，希望免于灾难，希望未来有保障，要求有劳动防护、社会保险、退休金等保障。

（3）社交需求。社交需求又称为归属与爱的需求。当前两项需求基本满足之后，社交需求就成为强烈的动机。人们希望和周围的人保持友谊，希望得到信任和友爱，人们渴望有所归属，成为群体的一员。

（4）尊重需求。社会中的人有自我尊重和被别人尊重的愿望和需求。

（5）自我实现的需求。这是指人们希望完成与自己的能力相称的工作，使自己的潜在能力得到充分发挥，成为所期望的人物。

马斯洛指出，这五种需求像阶梯一样从低到高，但这种次序不是完全固定的，是可以变化的，也有例外情况。如果一个层次的需求相对满足了，就会向高一层次的需求发展。当然，这五种需求不可能完全满足，越到上层，满足的百分比越低。

另外，同一时期内，可能同时存在几种需求，因为人的行为是受多种需求支配的，但是，每一时期内总有一种需求是占支配地位的。任何一种需求并不因为下一个高层次需求的发展而消失，各层次的需求相互依赖与重叠，高层次的需求发展后，低层次的需求仍然存在，只是对行为影响的比重降低而已。当需求满足了就不再是一股激励力量。

需求理论在一定程度上反映了人类行为和心理活动的共同规律，从人的需求出发研究人的行为，抓住了问题的关键。基于这一理论，要想调动高校教师的积极性，高校管理者既要注意到每个教师的不同需求，又要了解他们各自的需求层次，尽量提供条件满足他们的相应需求。

（二）期望理论

所谓期望，就是指一个人根据以往的经验在一定时间里希望达到目标或满足需要的一种心理活动。期望理论具有一个固定的公式：

$$激励力量 = 效价 \times 期望值$$

在这一公式中，效价是指个人对他所从事的工作或所要达到的目标的估价。也可理解为，被激励对象对目标的价值看得有多大。在现实生活中，对同一个目标，由于各人的需要不同，所处的环境不同，他们对该目标的效价也往往不同。期望值是指个人对某种目标能够实现的概率的估计，也可理解为被激励对象对目标能够实现的可能性大小的估计。期望值也叫期望概率。在日常生活中，个人往往根据过去的经验来判断一定行为能够导致某种结果或满足某种需要的概率。

在期望理论中，期望值和效价的不同组合会出现以下四种情况：

（1）效价低，期望值也低，则激励力量最低。

（2）效价低，期望值高，则激励力量低。

（3）效价高，期望值低，则激励力量低。

（4）效价高，期望值也高，则激励力量高。

很显然，当效价值和期望值都高时，激励力量才会大，才能充分调动人的积极性。因此，根据期望理论的观点，某种方式行动的可能性的大小，取决于该行动达到某种结果的期望值的大小和这种结果的价值或吸引力的大小。

期望理论对高校管理者有以下两点启发：

第一，要采取大多数教职工认为效价最大的激励措施，而不是泛泛地使用一般激励手段。

第二，要将期望值控制在合理范围内，期望概率比实际概率高出太多可能会遭遇挫折，低出太多又减少了激发力量，而且这个期望值不能是空想出来的，而要建立在以往相关经验和被激励者能力的基础上进行估计。

（三）归因理论

归因理论是由美国心理学家海德进一步发展需要激励理论而提出的。所谓归因，就是指人们对他人或自己的行为进行分析，指出其性质或推论其原因的过程。事实上，人们对于自己和周围人的行为常常会不由自主地进行归因分析。

一般来说，如果把成功归结为内部原因，会使人感到满意和自豪；如果把成功归结于外部原因，则会使人感到惊奇和感激。如果把失败归结于内因，会使人产生内疚和无助感；如果把失败归结为外因，则会使人产生气愤和敌意。如果把成功归因于稳定性因素，会提高今后工作的积极性；若把成功归因于不稳定因素，则今后工作的积极性可能提高，也可能降低。

海德认为，有成就需要的人通常会把成就归因于自己的努力，把失败归因于努力不够；反之，成就需要不高的人的归因则相反。此外，他还认为，教育和培训将使人在成就方面发生机理变化并促进激励发展。

在归因理论的启发下，高校管理者要想激励教师，就应了解教师的归因倾向，帮助他们正确认识成功与挫折。当教师在工作中遇到失败时，应帮助他寻找原因，引导他继续保持努力行为，争取下次的成功；同时，更应尽量注意教师工作成功的归因，即将成功归于自身的努力，从而增强积极性，取得更大成就。

（四）双因素理论

双因素理论是由美国心理学家弗雷德里克·赫茨伯格提出的。他在《工作与人性》等著作中都阐述了双因素理论的基本观点。他认为，影响人的行为的因素可划分为保健因素和激励因素两类。这两类因素对人的行为发挥着不同的作用。

1. 保健因素

保健因素也叫维持因素，主要是指工作的环境因素，包括工作条件、工资水平、社会地位、同事关系、监督方式、组织的政策和管理等。这些条件必须维持在一个可以接受的水平上，否则，就会引起成员的不满。但是，这些因素不会对成员起激励作用,不会激起员工的工作主动性和创造性,而只能防止因员工不满而出现的怠工现象。

2. 激励因素

激励因素也叫满意因素,主要是指与工作本身性质有关的因素,包括使员工感到满意的工作成就感、得到认可的工作业绩、具有挑战的工作、工作中的机会和责任、权利等。这类因素若得到满足,将会对员工起到强烈的激励作用,从而促进生产率的提高。为此,赫茨伯格提出了"工作扩大化""工作丰富化"的设想,主张工作内容更加广阔、更加丰富多样、更富于挑战性,即加重工作的责任,提高其难度,以满足员工的成就感、荣誉感等高层次的需要,从而激励员工的积极性。

综合而言,保健因素是基础,激励因素是发展和提高。管理者只有把两类因素有机地结合起来,才能更好地激发员工的积极性、主动性和创造性,为此,高校管理者在高校教育管理过程中实施激励时,要重视保健因素和激励因素,尤其要关注激励因素。例如,要想激励教师,就不仅要改善教师的工作环境,更重要的是对教师多给予肯定和认可,多提供发展和提升的机会,多安排有挑战性、有意义的工作,从而起到真正的激励作用。

(五)目标理论

目标理论是由美国管理学兼心理学教授洛克于1968年提出的。他强调研究目标的重要性,并且围绕目标的激励作用作了深入探索。

所谓目标,就是指在一定的时间内所要达到的具有一定规模的期望标准。简单来说,它就是人所期望达到的成就和结果。目标是一种刺激,合适的目标能诱发人的动机,规定行为方向。管理心理学把目标称为诱因。由诱因引发动机,再由动机到达目标的过程就是激励过程,也就是调动人的积极性的过程,特别是那种组织所提供的"诱因"将带来"组织的平衡"。

洛克构建的目标激励模式指出目标的绩效是由目标的难度和目标的明确性组成的。其中,目标难度是说目标要具有挑战性,必须经过努力才能实现。目标的明确性是说目标导向必须是具体的,是可以测定的,如用数字来表明目标等。作为一种激励理论,目标理论主要强调通过目标的设置来激励人的动机、指导人的行为,使个人的需要、期望与组织的目标挂钩,以此来充分调动人的积极性。

目标理论提醒高校管理者在实施激励时,要注意为激励对象制定合理的目标,并善于运用目标管理的方法,共同设计目标,逐层分解目标,及时评判结果并给予相应的激励措施。

(六)公平理论

公平理论是由美国心理学家亚当斯于《在社会交换中的不公平》一书中提出的。该理论主要用来解决工资报酬分配的合理性、公平性及其对职工生产积极性的影响。亚当斯认为,人们总是要将自己所作的贡献和所得的报酬,与一个和自己条件相当的人的贡献与报酬进行比较,如果这两者之间的比值相等,双方就都有公平感。

归纳而言,公平理论主要包括以下几个观点:

(1)职工对报酬的满足程度是一个社会比较过程。

(2)一个人对自己的工作报酬是否满意,不仅受到报酬的绝对值的影响,而且也受到报酬的相对值的影响。

(3)人需要保持分配上的公平感,只有产生公平感时才会心情舒畅,努力工作;而在产生不公平感时,就会满腔怨气,大发牢骚,甚至放弃工作,干扰和破坏生产。

公平理论启发高校管理者在实施激励的过程中,不仅要注意到某个人,还要考虑与其基本情况大致相同的参考对象,也要求在高校教育管理过程中遵循平等公正的原则。在待人接物、工作任务分配、职位提升机会和工资待遇调整等方面都要公正合理,制度和程序上尽量公开公平。

(七)强化理论

美国新行为主义者斯金纳于1938年提出了操作性条件反射学说。这一学说是通过实验得出的。

斯金纳专门设计了实验箱进行迷笼实验，用以研究操作性条件作用。此箱内设一杠杆，杠杆与食物仓相连，推开杠杆后即可打开食物仓，白鼠就可以吃到食物。斯金纳利用这一实验来研究白鼠的操作性行为，之后又在其他动物和人身上进行了类似的实验。

通过实验，斯金纳得出，如果一个操作发生后，接着给予一个强化刺激，那么其强度就增加，强化可以增加某一行为反应发生的概率。在斯金纳操作性条件作用中，强化具有重要作用，因此其行为原理也称为操作—强化学说。

将操作—强化学说应用于管理中，就产生了激励效应。管理者对被管理者的某种行为给予肯定和奖赏，并使这个行为得到巩固、保持、加强，这叫作正强化；对某种行为给予否定和惩罚，使之减弱、消退，就叫作负强化。正、负强化都是强化的方式和手段。因此，在科学管理过程中，把正强化和负强化结合起来应用得当，就可以对被管理者的行为进行定向控制和改造，最后引导到预期的最佳状态。

强化理论启发高校管理者要对被管理者的行为做出及时、适度的反应，尤其面对从事文化事业的教师，要尽量使用正强化，慎重运用负强化，使认可和奖励成为一种经常性和持续性的激励方式。

三、激励在高校教育管理过程中的意义

（一）促进高校人力资源的充分开发

激励程度或水平往往在很大程度上决定着人的行为表现，激励水平越高，人在行为上表现得越积极，行为效果也就越显著。

在高校教育管理过程中，管理者利用有效的方式多多激励教职员工，可以充分释放教职员工自身的智力和体力能量，使他们主动挖掘自身潜力投入教育工作。这无疑非常有助于充分开发高校的人力资源。

（二）增强高校内部凝聚力

凝聚力，即群体成员之间的相互吸引力，群体成员愿意留在群体内的力量。在

高校教育管理过程中，有效地激励能够吸引和留住优秀的教育人才。

首先，激励是一个心灵沟通和双向反应的过程，这个过程能够增加人际信任和高校的组织承诺。

其次，激励有助于将个人目标引导到高校总体目标上来，增进高校教职员工的认同感和归属感，提高全体教职员工的士气。

（三）促进个人目标和组织目标的统一

在高校教育管理过程中，个人目标和组织目标占据着同样重要的地位。然而，这两个目标也常常容易处在对立的状态中。高校教职员工的个人目标如果与组织目标是相对立的，那么就很容易造成教职员工心理上的排斥和工作上的懈怠。这会严重影响到高校的教育与管理效果，进而影响学生的成长和发展。

实际上，个人目标和组织目标是可以统一的，也应当统一。激励能够促进个人目标与组织目标的统一。高校管理者要深入理解教育的本质，明确学校的最终目标是促进学生发展和推动教育事业的进步、是需要教职员工共同来完成和实现的。尤其对于高校教师来说，要使其意识到学校的最终目标与自己的职业理想是一致的，才会更认同自己的职业和工作，才会努力把工作当作实现个人目标的最有效途径。

（四）帮助管理者协调利益分配中的矛盾

由于利益主体存在着个体差异性和需要的多样性，因此，在高校教育管理过程中，有关利益分配的矛盾总是难免的。面对各种矛盾，如果管理者能针对不同的个体和需求，采取有针对性的激励，就能收到较好的效果。

具体而言，高校管理者要注意收集和分析各种信息，将不同性质的利益分配给具有不同需要的教职员工。例如，对经济条件差的教师应主要分配物质性利益；对家庭有人需要照顾的教师应提供一些时间上的便利；对注重成长的教师应多提供一些参加培训的机会。

（五）促进高校管理者管理水平的提高

对于高校管理者来说，要想更好地实施激励，就必须不断努力学习激励理论，不断积累丰富的激励经验。而这一过程其实能够提高管理者自身的素质和能力。

通过激励，高校管理者不仅可以掌握心理学知识、管理学理论，而且还可以锻炼沟通技巧和协调利益的本领等。显然，激励有助于提高高校管理者的管理水平。

四、高校教育管理过程中激励的模式

（一）目标激励模式

所谓目标激励模式，就是指通过设置合理的目标，使被激励者产生一种内在动力，进而努力工作以实现目标的模式。这种激励模式一般包括三个步骤。

1. 设定目标

目标的设定千万不能盲目，要讲求科学性。这主要体现在以下两个方面：

（1）目标要明确具体，要尽量用量化的标准来说明目标，如不能量化，也要用准确规范的定性语言来表明，避免目标存在模糊性。

（2）目标既要有挑战性，又要能通过努力而达到，总之，设定目标要把握好一个度，目标定得过低会使人失去斗志，定得过高又可能造成挫败感和畏难情绪。

2. 实施目标

在目标的实施阶段，目标过程的反馈要特别注意。管理者要提醒和帮助教职员工保持清醒头脑，确保自己的行为在正常的轨道之内，要对好的结果给予肯定、鼓舞人心，对坏的结果客观分析、及时纠正。

除此之外，管理者还要注意将目标实施的总目标细分成许多子目标或阶段目标，因为每一个目标的实现都会对教职员工产生激励作用，是一个连续和累加的激励过程。

3. 实现目标

目标经过努力得以实现，是这一轮激励的终点，也是新一轮激励的起点。在不断实现目标的过程中，个体会不断获得激励和进步。

（二）参与激励模式

随着时代的进步、经济政治体制的改革、民主管理思想的发展，高度集中的行政管理体制已被打破，高校教职员工也越来越广泛和深入地参与学校管理。

高校教职员工参与学校管理能够使他们充分感受到领导者对自己的信任，感受到自己是学校"主人翁"，体验到自己的利益同组织的利益和发展是密切相关的，从而产生强烈的责任感。这就能很好地发挥激励作用。参与激励模式就是基于这种情况而提出来的。

高校教育管理过程中的参与激励模式有以下三个基本要求：

1. 高校管理者与教职员工都要对学校的外部环境、内部情况和问题性质有较全面的了解。

2. 高校管理者要善于倾听和接受不同意见，宽容待人，客观对事。

3. 虽然参与本身是对教职员工的激励，但管理者在教职员工的参与过程中也要注意随时对他们进行激励。例如，当参与者提出建设性或创新性建议时及时给予表扬和肯定，这些会进一步激励教师踊跃参与管理、贡献心智。

（三）利益激励模式

利益是人们为了需要所得到的好处或者所拥有的资源，体现了主体对客体的一种价值判断。它有广义和狭义之分。从广义上来说，利益包括物质、权力、名誉、精神等内容，是多面性的。从狭义上来说，利益主要是指物质、权力等能直接带来经济价值的东西。利益激励模式就是通过满足个体的利益需求来达到激励的目的。

这一激励模式启发高校管理者必须正视和肯定合理的利益要求，创造条件尽量满足教职员工的利益需要，并引导他们正确利用所得利益去更好地生活和发展。同时，由于利益涉及价值判断，每个人的价值观和选择标准不同，有的高尚一些，有的自私一些，所以高校管理者要引导教师正确地对待和追求利益。

此外，利用利益激励模式实施激励，高校管理者还要处理好组织利益与个人利益的关系。高校管理者应首先关注教职员工的个人利益，因为这是他们最关心和最渴望得到满足的,所以激励效果也最好。同时,个人利益与组织利益并不是水火不相容的,公共利益影响着个人利益,因此,管理者还应将个人利益与组织利益有机结合起来。

(四)情感激励模式

只有外部的诱因而没有内心情感的共鸣,是难以最大限度地激发人的积极性的。因此,高校管理者不应忽视那些涌动于内心的情感激励。情感激励模式强调通过尊重、理解、信任来激励个体。事实证明,这种心灵上的激励往往比物质激励更为有效。

1. 尊重激励

在高校中,任何一个教职员工的工作都是值得尊重的,同时他们自身也有强烈的自尊需要。因此,尊重是情感激励模式中最为重要的一种情感。采用尊重激励,高校管理者应注意以下三个方面:

(1)高校管理者要认识到自己与教职员工是平等的,自己的权力和地位只能代表在高校中分工和职能的差异,而不应有任何的优越感和特殊性。

(2)高校管理者要认识到尊重表现为自由沟通和善待差异,尊重别人就要给他人表达或表现自己的机会,学会倾听教职员工的意见。当出现差异甚至冲突时,高校管理者要分析教职员工意见的合理性,要虚心接受正确的建议,有技巧地引导偏离的观点,切不可使用命令性或过激的言语。

(3)当教职员工出现不能控制情绪的现象,应宽容以待,找一个情绪平复后的合适机会耐心交流,使其能深刻体会到高校管理者对他们的尊重。

2. 理解激励

理解激励就是要使高校管理者能够设身处地地站在教职员工的角度想问题,而不只考虑自己或自己所在利益团体的立场。为此,高校管理者要尽量走入基层,走进教职员工的工作和生活,才会更了解他们的辛苦和困惑,更理解他们的意见和行为。教职员工感受到被理解,自然更愿意努力工作,创造更大的价值。

3. 信任激励

在管理中，管理者如果对管理对象给予肯定，一般都能获得积极向上的结果。这其实说的就是信任的作用。作为一种情感，信任可以很好地激励个体。在高校教育管理中，高校管理者可以通过委派教职员工重要的工作、肯定教职员工的能力、欣赏教职员工的人格、与教职员工建立友谊等来表达对教职员工的信任，这能够让教职员工感受到管理者对其工作的关注和认可，激发其责任感和积极性。

高校管理者采用信任激励时需要注意以下三点：

（1）合理授权。当因工作需要而给下属授权时，管理者应注意认识到放权不是放任，也不是弃权，而是更高远意义上的指导和激励。

（2）一旦任务确定并宣布交给某人，除非特殊情况，一般不应再有变动，要表现出充分的信任和关心，否则会严重伤害教职员工的自尊心。

（3）善于发现教职员工的闪光点，用欣赏的眼光而不是苛求的态度对待教职员工。

五、高校教育管理过程中激励的方法

高校教育管理过程中激励机制的建立并不是一件简单的事情。高校管理者不仅要充分考虑到多方面的因素，还要根据实际情况，有针对性地采取恰当的激励方法，并注重各种方法的有机综合，力求实现全方位、全过程、全员的最佳激励。唯有这样，才能真正调动高校全体成员的工作积极性。激励的方法有很多，但高校中常用的激励方法主要有奖惩激励法、榜样激励法和工作激励法。

（一）奖惩激励法

奖惩激励法就是指通过奖励或惩罚来激励人。美国心理学家桑代克的效果律，就是最早关于外部奖赏或惩罚作用的研究。效果律包括奖赏和惩罚。桑代克曾经用小鸡进行心理学实验，他发现，奖赏和惩罚都会影响员工的工作动机，而且一般情况下奖赏的作用要大于惩罚。

1. 奖励方法

奖励一般都分为物质奖励和精神奖励，物质奖励主要是增加工资、津贴或奖金等；精神奖励主要是指各种形式的表扬和授予荣誉。表扬又有口头表扬和书面表扬两种主要形式，口头表扬即用语言直接表达出的肯定和赞赏，书面表扬则是用书面记录下来的认可，如先进工作者的荣誉证书，其中，物质奖励是激励教师的基础，精神奖励是更深层次的激励，二者应有机结合，共同使用。

使用奖励方法时，高校管理者要充分注意以下三个方面：

（1）奖励必须建立在对事实全面了解的基础上，被奖励人员确实做出了值得奖励的事情。如果不全面了解，可能造成一些努力奉献的人由于不善表达或表现而被忽略，而受奖励的人并不是贡献最大的人。

（2）奖励必须是对被奖励者有较高价值的，即被奖励者认为这项奖励对自己有重要意义。如果该项奖励不是被奖励者所需要的，就达不到激励效果。

（3）奖励要做到物质奖励与精神奖励相结合，口头表扬与书面荣誉相结合，工作绩效与奖金分配和发展机会相结合。

2. 惩罚方法

在高校教育管理过程中，只奖不罚是不妥当的一种做法。激励有正激励和负激励，而适当的惩罚就是一种负激励。适当的惩罚能够从另一个角度告诉成员哪些行为是组织不认可、要避免的行为。当然，惩罚容易引起副作用，如产生不满、伤害自尊和关系紧张等，在高校中要慎重使用。

使用惩罚来进行激励时，高校管理者要注意以下三点：

（1）分析问题的性质，采取有针对性的惩罚方式。对教职员工的严重失范行为或违法行为，如故意泄露试题就要公开处理，严惩不贷；而对一般的过错，如迟到、早退就不应该严惩，进行罚款、批评教育等就可以。

（2）坚持"对事不对人"原则。惩罚的最终目的是终止不规范行为而转向组织期望的目标，一定要就事论事，客观公正，不能借机羞辱、报复。

（3）当被惩罚的人员做出改正时，应及时肯定和鼓励，并酌情减轻或撤销惩罚。

（二）榜样激励法

榜样激励法就是指通过满足人的模仿和学习的需要，引导他们的行为向组织目标所期望的方向发展。在高校教育管理过程中，通常利用某些典范人物高尚思想、模范行为和卓越成就来刺激高校教职员工的上进心和积极性。

运用榜样激励方法要注意以下方面：

（1）选对榜样。所选榜样不应该是遥不可及的，而应与高校教职员工的工作或情感是贴近的、有关联的，这样才能引起广泛的共鸣。

（2）高校管理者自身应争取做个榜样。具体来说，管理者自身要行为端正，不能恃权搞特殊，要更加严格地要求自己，爱岗敬业。

（3）引导高校教职员工善于发现身边的榜样，并参照榜样来激励自己。

（4）宣传榜样的事迹要力求真诚、平实，不要过分渲染甚至走向形式化，否则会适得其反。

（5）所选榜样要发挥作用，前提是能引起高校教职员工的反思，能激发其敬仰的感情并以此调节自身行为。

（三）工作激励法

工作激励法就是指通过改变分配工作任务和职责的方式来激励高校教职员工的工作动机，以增强其工作满意度和自我实现感。这种工作激励法的核心就是进行工作再设计。工作再设计往往能够使教师对工作本身感兴趣，从而增加责任感和成就感。以下是几种主要的工作激励法。

1. 工作扩大化

这是指通过横向扩大工作范围，增加同类工作的数量来减少高校教职员工对于工作的枯燥感。当然，运用这种方法要注意处理好教职员工疲惫的问题，否则，只会增加教师工作的负担而起不到任何的激励效果。

2. 工作丰富化

工作丰富化旨在向高校教职员工提供更具挑战性的工作。进一步讲，它是对工作责任的垂直深化，能够使高校教职员工在完成工作的过程中，有机会获得一种成就感、认同感、责任感和自身发展。

高校管理者在工作丰富化的过程中，要做到使教职员工工作的难度与其自身能力相匹配、工作的责任与授予教职员工的权力相结合，并要把有关的工作业绩及时反馈给教职员工。

3. 工作轮换

工作轮换是指让高校教职员工定期地从一种工作岗位轮换到同一水平、技术相近的另一个更具挑战性的岗位上去。

4. 实施弹性工作制

弹性工作制就是指高校对教职员工的工作时间不做统一规定，在保证完成一定的工作任务或固定工作时间长度的前提下，员工可灵活、自主地安排时间。对于高校教师而言，既要承担教学任务又要从事科学研究，而且很多教师对研究环境、最佳学习时间都有一定的要求，如果只拘泥于形式，严格要求坐班，可能导致研究的数量和质量的下降。因此，弹性工作制无疑比较符合高校教师工作的特点。

此外，弹性工作制还充满了人性化管理的关怀，能够使教职员工更好地平衡工作与生活，在工作时精力更充沛、情绪更饱满，工作效率更容易提高。可见，高校实施弹性工作制能够起到较好的激励作用。

第三章 我国高校教育管理体制改革探究

我国的高等教育作为世界高等教育系统中的重要组成部分，既有许多与国外高等教育相似的特点，又有自身的特殊矛盾。就学校管理而言，存在着一系列的矛盾，如高校经费严重不足与经费浪费的矛盾；学术管理的主体性与高校内部行政管理规范性的矛盾；传统的教育管理模式与知识经济社会要求培养创新人才的矛盾等。在教学管理中，也存在着一些亟须解决的问题，对于这些问题，有必要进行深入研究和探讨。

第一节 我国高校教学管理体制现状分析

教学管理是指学校领导和师生员工共同遵循教学规律，充分发挥管理职能，通过各种管理手段和方法，对教学系统的各个要素（学生、教师、教材、教学、设施等）进行合理组合，使教学管理的组织机构协调运转，教学活动有序、高效运行，完成国家颁布的课程计划、教学大纲和教科书规定的教学任务，实现教学目标的职能活动过程。教学管理的任务是根据确定的培养目标，按照一定的管理原则、程序和方法，组织和协调教学过程中的人力、物力、财力、时间和信息等，建立正常、相对稳定的教学秩序，以保证教学过程的畅通，使教学过程达到协调化、高效率与最优化，确保教学任务的完成，培养德智体全面发展的合格人才。

一、教学管理在高校的管理工作中居于重要的地位

教学管理在高校管理工作中主要有以下作用：

（一）学校的基本任务是培养人才

学校的各项工作都必须围绕培养人才这个中心展开，而人才培养在一定时期内仍将通过教学活动进行，学校的各个方面几乎都离不开教学这一教育形式。

（二）教学管理受教学过程客观规律的制约

教学过程是方向不确定的动态系统，因为教学过程的随机因素复杂，其效果的不确定性非常显著，即教师教了以后，学生不一定就懂。要使教师教好，学生学会并且学好，就要有一定的措施加以保证，这就需要教学管理规范教学活动，形成教育合力，提高教育效果。

（三）教学管理担负着对学校全体教师和学生的管理

学校管理最重要的是人的管理，教师和学生都是活动中最重要的因素，也是学校的主体。教学质量的高低、学习效果的好坏取决于教师工作的主动性、积极性、学生学习的态度和方法，因此，对教师和学生的管理对于学校整个管理具有非常重要的意义。

二、高校教学管理的职能分析

在教学管理活动中，必须正确、恰如其分地发挥管理职能，才能形成有效、系统的管理过程。通过对教学管理活动的实践和理论研究，决策—计划—组织—实施—指挥—协调—监督—检查—总结，既是教学管理过程中相互联系的环节，也是其发挥的职能，大致可以做如下划分。

（一）决策与计划的职能

1. 决策与计划是教学管理的首要职能

决策就是人们对未来实践的方向、目标、原则、方法和手段所做出的选择和决定。计划是根据决策和目标的要求，进行统筹安排，拟订实施方法和程序，制定相应的策略、政策等。决策是计划的前提，计划使决策具体化，决策与计划是整个管理工作的基础。

2. 教学管理决策包括目标预测和目标决策

高等学校作为培养国家高级人才的基地，对人才培养的目标有明确的规定。教学系统自身发展的目标是指与教育目标相适应的办学规模、办学条件、师资队伍等。目标决策主要是对教学目标和教学管理目标的决策，教学目标包括教学总体目标和教学过程各个阶段的具体目标等，教学管理目标包括教学管理总目标和教学思想管理、课程管理、教学质量管理、教师管理、学生管理等子系统的具体目标。

3. 教学管理计划

教学管理计划包括教学规划、教学计划、教学政策法规和教学管理工作计划等。教学规划是学校教学工作整体的、较长远的发展设想和计划，包括规模、方式、方法等总体目标和总的方向。教学计划是学校组织实施教学的总体设计，包括培养目标、规格、课程设置和要求、学时和教学环节分配等方面。

教学政策法规包括国家依据教育目的而发布的规定、条例、规则和学校为了完成培养人才的任务而制定的规章制度等。教学管理工作计划包括组织和管理教学的各类工作计划，如招生工作计划、毕业工作计划、师资培训计划等。因此，教学管理计划是一个内容广泛的计划体系，计划功能对于教学管理系统具有特别重要的意义。

（二）组织与实施的职能

组织与实施是教学管理系统的一项重要职能，指按照决策目标要求，把系统中的各种要素组织起来，执行管理计划，使教学管理计划能够付诸实施。组织与实施功能具体包括两个方面：组织设计的功能和组织行为的功能。

1. 组织设计的功能

组织设计指按照目标要求，设计任务结构和权利关系，建立一个合理而有效的管理组织结构。

它的基本内容包括：为实现教育教学总目标把教学总任务分解成若干具体任务；把具体任务合并归类，划分部门，建立职权机构，如按年级设立年级组，按学科设立教研组等；选择和配备教师和管理人员，明确职责，并授予他们组织和管理教学的相应权力；为协调组织机构的职权关系和信息沟通关系而拟定各种规定，如教师工作职责、教学管理规章制度等。

当然，并非对每项任务的管理都要有建立组织机构的过程，经常性的组织工作是根据各个时期的任务所规定的目标组织力量、明确分工、授予权力和协调关系。

2. 组织行为的功能

组织行为的功能即组织实施，是组织力量执行计划的行为和过程，其目的是使管理计划能够付诸实施。

组织实施的基本内容包括：统一目标，使全体教职工目标一致；统一组织指挥，使系统内的一切工作都有人按时、按量、按质完成；人各有责，人尽其才，实行职、权、责相统一，使全体教师和管理人员明确自己的职责、工作范围、工作质量要求和协作关系；统一步骤，按计划步骤统一行动，保证计划逐步落实。

（三）指挥与协调的职能

指挥与协调也是教学管理系统的重要职能。指挥是指领导者依靠行政权威，指示下属从事某种活动，使系统按指令运行。协调是指消除管理过程中各环节、各要素之间的不和谐现象。因此，指挥与协调是从不同的侧面对管理过程的干预和控制，两者之间相互补充、相互完善。

1. 指挥功能

指挥功能是指通过下达命令、指标等形式，使系统内部个人服从于一个权威的统一意志，将计划和领导者的决心变成全体成员的统一行动，使全体成员履行自己的职责，全力以赴地完成所负担的任务。教学管理的指挥功能有以下几点：

（1）实行专家治校，保证领导权威，保证领导的督促、率领和引导作用有效发挥。

（2）运用各级教学管理组织权责和规章制度，规范全体人员的行动。

（3）严格按计划、大纲组织教学，统一标准，统一要求。

（4）建立教学指挥机构，一般由领导、职能部门工作人员，借助先进的设备手段，建立教学指挥中心等形式的教学指挥系统。

2. 协调功能

协调功能是指对系统运行过程中各环节、各要素之间的不和谐现象进行处理和调整，以消除和减少各种矛盾，保证目标的实现。协调功能带有综合性、整体性特征，它是管理本质的体现。从某种意义上说，管理就是协调。

教学管理协调的主要内容是通过计划、沟通、调整等方法，协调教学管理系统与外部环境，如学校教育与社会系统的关系；协调教学管理系统内部各类成员之间，各组织、各部门之间，管理过程各环节、各项工作之间的关系等；协调教学系统内部课内与课外之间，教、学、管诸要素之间，教学内容、方法、手段之间，各章节教学内容之间的关系等。

（四）监督与检查的职能

1. 监督就是察看并督促

监督与检查是实施教学管理过程的重要职能。检查是对预测的科学性、决策的正确性、目标的完整性、计划方案的可行性以及实施计划的有效性的全面考评。从本质上讲，检查就是一种监督和控制，是一种信息反馈活动。通过检查既可以发现管理过程中的缺点和问题，又可以发现优点和经验，进而克服缺点，推广经验，把工作推向前进。

2. 检查职能的类型

按检查时间划分有平时检查和阶段检查。平时检查及时不使问题成堆，阶段检查则是比较集中、全面的检查。两种检查互为补充，不可缺少。按范围划分有全面检查和专题检查。全面检查是德、智、体、行政、总务诸方面，目的在于了解和掌握工作的全面情况。专题检查是有针对性地发现问题和解决问题，专题检查的内容决定于检查的目的，教学管理要专题检查和全面检查交替进行。

按检查方式划分有自上而下的检查、互相检查和个人检查。自上而下的检查是学校领导者对下属的检查，这种检查有监督、考核的作用；互相检查是学校教职员工之间互相进行的一种方式，如教师之间的互相听课、互相检查教案和学生作业；个人检查是学校教职员工的自我检查。这种检查有两种：一种是按学校布置的提纲进行；另一种是自觉进行自我回顾。个人自查是具有强烈责任感的表现。

3. 监督与检查具有双重功能

（1）监督与考核下属人员的工作，能及时对成绩突出者给予肯定，对工作平平甚至有失职行为者给予纠正。

（2）检查和考核领导人员本身的管理水平，计划、措施、执行是否符合规范和要求，明确管理者的责任。

（五）评价与控制的职能

1. 评价与控制是教学管理系统最重要的功能之一

评价与控制是教学管理，特别是现代教学管理的重要职能。评价包括科学分析和价值判断，指通过教学评价和系统分析方法，判断教学效果与教学目标的差距，为决策和控制提供有用信息。控制即根据评价分析的结果，纠正计划执行中的偏差，保证教学目标的实现。

2. 教学评价和分析的主要内容

教学评价和分析的具体功能是根据教学目标和计划，运用各种科学手段，对教学过程和效果进行价值判断和系统分析，为教育教学决策和控制提供信息。教学评价和分析包括课程教学评价分析、课堂教学质量评价分析、教师评价分析、学生评价分析、课外活动评价分析等。

3. 教学管理的控制功能

教学管理的控制包括教学前馈控制、教学过程控制和教学事后控制三种类型。

（1）教学前馈控制是预防偏差的一种控制，即预先采取有效措施，使偏差得到预先控制，防患于未然。前馈控制对于教学管理是十分重要的，教学系统是以育人为目的的，教学过程的任何偏差所造成的后果都是十分严重的、不能允许的，前馈控制可以防止这种情况的发生。

（2）教学过程控制也称教学现场控制，是指教学计划执行过程中的控制行为。通过对教学计划执行过程的现场观察、监督和指导，对教学过程进行评价、分析和建议，及时纠正任何不符合教学计划要求的偏差，保证教学计划的实施。

（3）教学事后控制，又称教学成果控制，是建立在终结性评价分析基础上的控制行为，即在计划基本完成之后，把实际取得的工作成果与计划目标相比较，发现仍然存在的差距，作为将来工作的借鉴。

（六）总结的职能

总结是教学管理活动一个周期的终止，预示着下一个周期的开始，起着承前启后的作用。总结是教育管理活动不可忽视的一环，它要求用科学的方法，对工作进行全面系统的总结，肯定成绩，找出缺点，总结经验教训，探索管理规律，并指出未来的努力方向。总结对于积累管理经验，提高学校管理人员的管理水平，促使教学管理科学化，提高学校的工作效率和管理效能具有十分积极的意义。教学管理过程中的总结通常在一个学期或一个学年结束时进行，一般分为全面总结和专题总结两类。做好总结工作必须遵循以下基本要求。

1. 以计划目标作为评估绩效的标准

总结是对计划执行情况进行的综合分析和评估。原定的计划目标不仅是执行和检查计划的依据和中心，还是评估工作绩效的重要标准。

2. 以检查为基础

总结是检查的后续阶段，是在检查的基础上进行的。没有有效的检查，就不可能有真正符合客观实际的总结。检查可为总结提供各种可靠的信息，如典型的事例、人员的言行表现、科学的数据材料等，但检查并不等于总结，也不能代替总结。检查是感性的，而总结是理性的，是发现原则和规律的过程。

3. 要有激励作用

回顾过去是为了推动未来，总结使组织成员进一步增强前进的信心和决心，成为前进过程中的"加油站"。一份优秀的总结报告应具有强大的激励作用，肯定的成绩能增强人们的信心，指出的不足能增强人们的责任感，从而振奋人们精神，提高教学管理水平。特别是在行使教学管理的总结职能过程中，通常要建立奖优罚懒、赏罚分明的奖罚机制，以促进教学工作朝着积极、健康的方向发展。

三、高校教学管理制度的内涵与结构分析

（一）高校教学管理制度的内涵

根据《现代汉语词典》的解释，"制度"一词有这样两层意思：一是要求大家共同遵守的办事规程或行动准则；二是在一定历史条件下形成的政治、经济、文化等方面的体系。①

1. 高校教学管理制度

这是一个多层次、多序列、多职能的完整体系，从不同的角度有不同的划分和理解。

从广义上讲，高校的教学管理制度就是在一定教育发展条件下形成的教学管理体系，是由诸多元素或部件构成的、完整的、具有特定目的和功能的整体，各个元素或部件在构成上的变化直接影响高校教育功能的发挥和高校教育目的的实现。这个整体或者系统总是随着时代和社会的变化而变化，变化可以是主动的也可以是被动的，可以是宏观方面的也可以是微观方面的。每当高校教育教学不适应时代和社会的变化时，高校教育就要通过制度上的改革与发展来适应变化。高校教学管理制度本身就是在不断适应社会的需要的过程中形成和发展起来的。

从狭义上讲，高校教学管理制度特指在高校学校的教学过程中，为了规范教学活动和实现学校的教学目标而制定的系统的教学管理方法。

---

① 中国社会科学院语言研究所词典编辑室. 现代汉语词典[M]. 北京：商务印书馆，2017.

2. 学分制与学年制

为提高高校教育的教学质量，各国的实践探索无不加强教学管理，从制度上提供保障。从世界范围来看，学分制和学年制是高校教学管理中采用的最为广泛的两种制度。选择学分制还是学年制与国家的社会制度无关，而更多地与一个国家的社会文化和传统相联系。虽然美国、法国、英国、意大利、日本等国同属发达国家，实行市场经济，但它们所采取的教学管理并不一样，有的实行学年制，有的实行学分制。即使在同一个国家里，在不同时期，不同大学也会采用不同方式，甚至在同一时期，不同大学也采用不同方式。

由此可见，学分制与学年制只是两种不同的教学管理制度而已。它们的共性是学生必须修习一定数量的科目才能毕业，它们的差异则是学年制注重统一性，有显著的强制特点，学分制的自由度和选择范围则比较大，有显著的弹性特点。因此，两者并无绝对的优劣之分，大学的成功与高质量和采用哪种教学管理制度也无绝对的关系，关键是大学所采用的制度是否适应学校教学管理的需要。制度是一把双刃剑，只有通过不断地完善教学管理制度，才能促进学校的发展进步。

（二）高校教学管理系统的结构分析

结构是系统中要素相互联系、相互作用的方式，是要素在系统内的秩序。由于教学管理内部复杂的联系，根据不同的需要，从不同的角度研究就有不同的层次和形式的系统结构。

从组织结构分析，目前高校的教学管理可分为教与学两个系列，各为6个层次。在教的方面，由主管校长—教务处—学院—系（部）—教研室—教师，形成一个完整的教学工作系列；在学的方面，由主管校长—教务处—学院—系（部）—年级—每个学生，组成学习系列。这两个系列既相互交融、相互影响，又有其自身的独立性。教学管理系统六个结构层次的具体构成如下。

1. 由学校主管教学工作的校长主持召开行政会议

这是学校教学管理的决策层。决策层的职责是通过调查研究，进行科学决策，实现宏观调控，校长要对整个学校的教学质量全面负责，从学校的定位、总任务、总目标出发，把提高教育教学质量、培养高级人才作为教学管理的中心任务。

2. 教务处

它是教学管理的职能部门，是在校长的领导下，对全校的教学工作进行具体计划、组织和调度的职能机构。教务处的工作主要是确定具体的学科、制定教学目标、编制教学计划、安排教学任务，对学校的教学工作进行检查和评估，对各专业的教学实行管理并对质量负责，负责全校的教务行政工作，是高等教育中十分重要的组织机构。

3. 学院

学院是近年来高校教育改革过程中产生的结构层。由相关学科、系、部组成的学院，更有利于学科交融、资源共享，同时，也便于学校教学工作的管理和开展。学院主要是根据教务处制定的宏观计划，结合本院的学科特点，组织教学工作的开展。对系、部的工作进行安排部署，对本学院的教学做具体、细致和全面的管理。

4. 系（部）

这一层次的主要任务是组织各专业教师进行教学工作的实施，经常性地组织教师进行教学研究工作，总结交流教学经验，提高教师的思想水平、业务水平和教学能力，对教师进行师德、教风和学风的建设，建立良好的教师集体，改进教学工作，提高教学质量。

5. 教研室和年级组

教研室是根据学科和专业特性组织起来的教学科研组织，它是教师的直接管理部门，对教师的教学、科研工作进行最直接的安排和管理。在高校，年级的主要工作是由辅导员进行管理的，年级的不同，教学安排、学生的思想状况以及课程的设置就不同。因此，教学要根据年级的特点和大学生的心理、思想来组织管理，实施阶段性的教学检测、年级学科竞赛、教师教学状况调查等。

6.教师和学生个体

任课教师是教学工作的具体实施者,对本专业课程的教学质量负责,同时,还肩负着对本专业知识进行拓展和深入研究的责任,教师也要不断地研究和学习,努力提高自身素质和教学能力。

学生是接受教学的主体,每个学生都要对自己的学习实行自我管理,对自己的学习进行自觉、合理的安排,选择适合自己的学习方法,对教师的教学给予支持,向教师提出合理化的建议,并与其他同学进行学业上的交流和探讨。

在以上两个系列的 6 个层次中,还存在着反馈系统。反馈系统是教学管理中的必要元素,为保证教学工作在各个阶段的顺利实施,学校必须建立顺畅贯通的教学信息反馈系统,以便及时了解教学过程中的实际情况,并将反馈的意见进行总结归纳,决策层和实施层根据反馈的信息对教学工作进行调整,保证教学工作正常运转,形成反馈机制,提高教学质量。

四、高校教学管理制度与教育质量的关系研究

作为继承、传播和创造知识的高等教育,在知识经济时代从社会的边缘走向了社会的中心。提高国民素质、储备科技人才,已经成为世界各国关注的焦点,把发展高等教育作为提高综合国力、增强国际竞争力的重要措施。高校教学管理制度的优劣是教育质量高低的关键所在,一个好的管理制度对学校的发展、人才的培养具有十分重要的作用。

目前,高等教育已进入大众化教育阶段,并采取行政措施,连续多年扩大招生规模,以迎接知识经济的挑战,实现"科教兴国"战略,增强国家的综合国力和国际竞争力,满足民众日益增长的接受高等教育的需要。在今后若干年中,高等教育还要保持比较高的发展速度,才能实现大众化的发展目标。虽然缓解了高等教育供求的矛盾,但同时也给人们带来忧虑,担心因入学"门槛"降低和规模扩大过快而导致教育质量下降。因此,教育界最突出的问题是,用什么样的教学管理制度解决通向大众化教育阶段过程中或进入大众化教育阶段后的教育质量问题。

（一）完善制度建设、提高高等教育质量

高等教育大众化的重要标志是高等教育规模逐年扩大、适龄青年的入学率逐年上升。

1. 招生规模是人为设置的，虽然进入大学的"门槛"在逐年降低，但高等教育规模在逐年扩大，给更多的人提供了接受高等教育的机会，国民的综合素质提升了，整个中华民族的科学文化水平提高了，为社会主义现代化建设和发展知识经济培养了不同层次、不同类型、不同规格的各类人才。"门槛"高低受招生规模制约，是人为设置的，不是评价高等教育质量的决定因素。

2. 人是发展变化的，一次入学考试分数的高低，只能反映一次竞争的结果，不能代表人的素质优劣，更不能以此来推论或决定人的终身。

3. 大众化阶段的高等教育，其教育目标定位是提高整个中华民族的科学文化水平，而不是少数精英。因此，虽然"门槛"降低了，但并不能说明质量下降了。大众化教育阶段过程中出现的某些质量问题，并非这一阶段所独有，而且是可以解决的。

（二）精英教育赋予高校教学管理制度新的内涵

我国的高等教育尚处在精英教育阶段，但严格讲，它主要体现在数量即适龄青年入学率上，在质量上未能反映面向"精英"的教育。高考虽然是全国统考，但由于地区差别和其他一些原因，未必能接受精英教育。进入大众化教育阶段后，精英教育不仅不会消失，还必须加强，但高校教学管理制度需进一步完善。通过高等教育的结构调整如双优高校的设立和强化竞争与激励机制，使真正的精英流向这类高校接受精英教育。

（三）高校教育质量标准从单一走向多元

长期以来，受计划经济体制的影响，人们是用一个尺度衡量高校教育质量的。这反映在教育目的和人才培养目标的统一规定方面，也反映在统一的教育质量评价体系及其课程体系、教学内容等方面。如果说这种现象同当时的计划经济体制相适

应，那么现在显然已经不合时宜。

新时代的中国将更加开放，多元经济和多样化社会必然对高校教育提出多样化的需求，高校教育多样化是适应社会经济多元化、高校教育大众化、科技发展高速化、社会需求多样化、人的素质差异化的必然要求。高校教育只有为社会提供多层次、多类型、多形式的教育，才能满足社会对各类人才的需求和个性发展多样选择的要求。面对多样化需求的社会，高校教育必须走多样化之路，科学定位，主动寻找有利于生存和发展的空间，才能发展个性，办出特色，提高质量，经受住激烈竞争的人才市场的检验。

现在高校的教学管理制度引导高等教育适应社会，引导其追求理想学术型的办学模式和人才培养模式。多元教育质量观是有别于传统教育质量观的理念，它突破了计划经济的思维定式，有利于增强高校自主办学和自我调节的能力。它不仅对不同层次、不同类型的高校教育采用不同的质量评价标准，而且允许同一层次、同一类型甚至同一专业的人才培养目标也可以不同。多元教育质量观更能突出办学个性和特色，其运作更加客观贴近市场，因而有利于引导大众化阶段的各级各类高校教育在各自的层面办出特色，提高质量和水平。

（四）多样化的高等教育对素质教育有新的解释

中国是一个具有几千年封建历史的文明古国，传统教育的价值过分倾斜于政治功能，衡量教育质量的重要标准是能否为统治阶级培养所谓的"济世之才"，主张循规蹈矩，反对离经叛道。近代工业文明传入中国后，科学教育受到重视，以占有知识的多少和深浅为标准的知识质量观一度占据支配地位，强调培养学术型或学科型高级人才。

1. 全面素质质量观的历程

到了20世纪80年代中期，针对大学生动手能力不强的现象，强调能力培养，出现了知识质量观转变为能力质量观的趋势。到了20世纪90年代中期，素质教育在全国兴起，教育质量观得到广泛认同。从教育的知识质量观到能力质量观，再到包含知识、能力在内的全面素质质量观，反映了社会变革、转型时期人们对教育本质认识的深化，丰富了教育理论与教育实践知识，促进了教育质量和办学水平的提高。

但是，受传统思维定式的影响，其价值取向仍然偏向社会功能而忽视教育的个体功能，人才观仍然偏向理想模式下的"全才""完人"，而忽视了多元经济和多样化社会对人才，尤其是对专门人才的多样化需求。

2. 素质教育的内涵

素质教育是针对中小学"应试教育"提出来的，高等教育中讲的素质教育，从文献看，主要是针对人文与思想政治教育环节薄弱提出来的。大体有两种倾向：要么把素质与知识、能力等并列或对立起来；要么在"全面"上做文章，对素质进行分解，试图把学生培养成"全人"或"完人"，两种倾向都失之偏颇，根源就在于对素质教育内涵的理解上。

素质教育是基于受教育者的基本素质，通过最佳途径，促进其主动在各层面全面发展的教育模式。这个概念的基本内涵如下：

（1）素质教育的基础是受教育者的基本素质。

（2）人的素质存在差异，素质教育只能因材施教，分类进行。

（3）它是一个过程，其效果取决于实施途径。

（4）是主动学习而不是相反。

（5）目标是适应社会，全面发展。

（6）具有理论与实践意义和可操作性。

3. 对传统培养模式进行制度创新

大众化教育阶段的高等教育资源通过优化与重组，不同层次类型的学校将进一步分化。多样化的高等教育实际要求人们必须走出传统的培养模式，进行制度创新，将传统理想模式塑造人改变为受教育者根据自身的实际情况与现实可能，选择有利于社会价值与个体价值统一的成才模式。即使对所谓"片面"发展的"怪才""偏科生",也不能用现在的质量标准将其拒之门外,而应采取特殊的培养模式,促进其在"片面"方向"全面发展"。这类人才的特殊性在"片面",决不能用理想模式迫使其舍长就短成为平庸之才,更不能将其扼杀。

因此,传统意义上的因材施教将在分类培养的基础上,在更高层次上回归。教与学的角色将实现历史性的转变,教育不再是单向传授,而是促进学习的、有组织的和持续的交流。受教育者将能动地根据专长、志向和兴趣,按能级归位,选择有利于自身发展的教育形式。新的素质教育必须克服上述两种倾向,不再追求标准化的单一理想模式及其质量标准,而应建立有利于不同层次、类型的人才发展的多样化的因材施教、分类培养、教学互动的弹性模式及其教育质量标准。

4.建立正确的教育质量观

教育质量观属于教育哲学范畴,它是一个发展的概念,准确把握其内涵和外延,需要在教育实践中不断进行理论探索和实践总结。高等教育大众化必须是数量与质量的统一,关键是要建立正确的教育质量观。在社会转型和高等教育向大众化跨越的历史时期,教育质量观起着重要导向作用。怎样发挥其正面导向作用,克服其负面导向作用,促进高等教育的规模、结构、质量、效益的协调发展,是我们必须解决的重大课题。

第二节 我国高校教学管理体制问题所在

一、教学管理组织的权力性倾向严重

教学管理组织本身是为实现学校的教育、教学目标而形成的结构优化、精干高效的管理系统,这个系统将学校中众多的教学要素进行有机的组合和动态的管理。但是,在我国的高校教学管理中,常表现出教学管理组织的权力性倾向严重的问题。"权力—强制"策略虽然是教学管理中的一种手段,但不是唯一的手段。在教学管理中,如果过分地强调组织的权力,使用强制的手段进行管理,往往容易触及学校

的敏感神经，教师会有消极的情绪，学生会产生逆反心理，教学的质量不但不会提高，在管理中还会出现被动的局面。

高校进行教学管理的目的是提高教学水平，培养优秀人才，要达到这个目的，拥有合格的、积极主动工作的教师和自觉学习的学生才是关键。教学管理组织应合理地运用手中的权力，充分发扬民主，采用合作化的管理手段，充分调动行政人员、专业人员、教师、学生以及校外人士的积极性和参与性，才能有利于教学工作的开展。

二、教学管理组织的运作模式相对单一

模式是再现现实的理论性的简化形式。目前，在我国高校教学管理中，一般都采用的是等级制的管理模式，即从校长到学生，一级抓一级的方式。至于学生的表现如何，校长的管理能力怎样，这中间受到太多因素的干扰。教学管理中，应该采用适合本校发展的模式为主、其他管理模式为辅的共同管理模式。

（一）问题解决模式

该模式是由第一线的教师为解决教育实际问题而创设和实施的。其理论基础是实用主义哲学和自由市场理论。这种模式的主要特征就是根据教学管理过程中出现的实际问题，进行诊断和鉴别，认真剖析内、外因素，自觉、自主地解决新问题，遵循问题—解决—新问题—再解决的程式向前发展。

（二）研究—发展—推广模式

该模式的理论基础是理性主义和权威主义，它主张，任何管理都是一个研究、发展、推广的过程。教学管理者要根据实际进行研究，将成果以适当的形式、在适当的阶段推行，即使某些管理的变革会遭到排斥，但是最终会得到推广，并在推广中受益。

（三）管理互动模式

该模式的理论基础是社会合作主义和人际关系理论，其精神实质是合作与沟通。在教学管理中，人与人之间相互影响，个人的行为受到制约，但通过宣传、交流和

互换角色的方式，可以解决一些难以解决的问题。例如，学生代表与校长面对面交流，行政人员与教师进行交流，教师与学生进行合作管理等。

教学管理的模式多种多样，各校应在多年的管理实践中选择适合本校校情的模式，更应该不断地研究探讨新的模式，适应高校的发展和社会的需要。

三、教学管理方法陈旧

高校教学管理的方法就是实现教学目标、完成教学任务的基本手段。掌握并运用有效的基本方法，对于提高管理绩效具有十分重要的意义。教育要创新、科技要创新、人才培养要创新，教学管理的方法也同样要创新，不能总是采用一种陈年旧法。学校的教学管理本身具有权威性、强制性和垂直性等特点，如果在管理方法上不注意，难免会造成主观主义和命令主义的错误倾向，就会伤害教师和学生的感情。在科学教育飞速发展的今天，要想在管理上出成绩、出效益，就得选择适当的方法，有效地组合方法，从而达到事半功倍的效果。

（一）要在适当的范围选择适当的方法

任何方法都不是万能的，都有一定的适用范围。如果教学管理的方法运用不当，就会产生明显的局限性。比如，在对教师的管理中，如果过于强调上级的权威和集中统一，容易导致长官意识和官僚主义，不利于下级和群众主观能动性和创造性的发挥，管理的适应性和灵活性受到限制，横向联系容易被忽视，影响各部门间的沟通与协调等。因此，教学管理的方法不能单一，要在适当的范围选择适当的方法。

（二）要在正确态度的指导下运用方法

作为高校的教学管理者，首先，要正确认识和对待管理权力，注意提高自身的素质水平，保证管理要求的合理性和正确性。其次，要分析管理方法的可行性，保证实施的效果节制有度，既能令行禁止，又能调动下属的工作积极性。最后，教学管理者要根据不同时期、不同条件、不同环境和教学工作的特点，把行政方法界定在必要和可行之内，使其更加符合教学管理工作的需要。

（三）教学管理方法在学校管理工作中发挥着十分重要的作用

正确的方法可以解决教学中产生的问题，提高学校的教学质量和办学效益，错误的方法则会导致问题的产生，给学校的工作造成负面影响。在教学管理工作中，一方面，管理者应不断提高自身的科学化程度，根据具体情况有针对性地灵活选择各种管理方法。另一方面，要注意与其他管理方法的配合，使教学管理方法发挥出更大的实际效果。

四、教学管理的目标具有局限性

教学管理的目标是由教育的功能决定的。我国目前高校教学管理的目标偏重于层次的划一与外显的局限。这样的目标会低估教学过程中出现的各种复杂现象，凭借外显的行为特征而掩盖了教学管理的深刻性。具体表现在以下三个方面。

第一，教学管理的对象是发展中的人，学生获取知识、技能与能力的程度不是统一确定的，他们在生理、心理以及社会化等诸多方面的成长速度不尽相同。因此，如果将教学管理的目标整齐划一，就容易忽视学生个性特长的发展。

第二，外显的行为目标一般不能准确揭示出全部活动的内隐因素。如果制定教学目标仅从知识内容出发，离开了教与学的具体行为，离开了教师和学生的基础水平，那么必将产生各种各样的问题。因此，教学管理目标应全面、合理并且具有个性化的导向功能。

第三，目前，我国的高等教育正面临着前所未有的巨大变革，影响学校教学管理的因素呈现出越来越大的随机性。这就要求学校能随时随地根据实际形势的变化，迅速调整相关的管理对策，如果教学管理的目标局限于某一方面，在适应环境变化方面就表现为僵化有余、弹性不足，不能很好地适应形势的发展。

鉴于上述分析，不难看出在制定教学管理目标时，应强化其正面效益，减少负面影响，发挥目标管理的效应，促进教学管理工作的开展。

(一)科学分析,准确定位

教学管理要做到激励性与可行性的统一,这就要求管理者在科学分析校情的基础上,抓住学校急需解决的问题,形成既体现本校教学工作自身特点,又符合实际的管理目标。

(二)近期目标需要与长远利益相结合

针对教学管理目标中容易出现"短期化"的倾向,在制定目标时,必须将学校教学发展的蓝图与中、短期目标统一协调起来。要确定哪些是近期努力可以达到的目标,哪些是经过不间断的努力可以实现的目标。当近期发展目标与长期发展目标相冲突时,一定要协调好两者的关系,不能因一时得失而毁掉长远发展前程。

(三)畅通信息渠道,加强监督反馈

教学管理目标是学校教学工作的行为导向,管理者必须建立立体、交叉、多维的信息网络,密切关注学校教学活动的运行状态是否与确立的目标体系相符合。一旦出现问题,管理者应迅速了解情况,并组织相关部门"会诊",找对问题症结,形成有效对策,并通过信息反馈渠道对不恰当的管理行为做出修正,确保教学管理工作与目标不出现偏差。

五、教学管理的评估体系不健全

教学质量评估是教学管理中的一项重要改革,它不仅使教学管理部门对课堂教学起到监控作用,而且能够最大限度地调动教师的教学积极性,从而达到提高教学质量的目的。随着高校管理体制改革的不断深化,教学质量评估体系还有待进一步健全和完善。在当前教学质量评估中主要存在以下问题。

(一)对评估的认识存在偏差

当前,教育评估主要是由上级教育行政部门组织,采取他人评估、行政评估等方式进行,评估的目的表现为分等评优,从而起到选拔、鉴定、评比的作用,充分体现了教育评估的总结性功能。然而,改进工作和决策服务的形成性功能发挥得不

够充分,这种评估与过去上级对下级的工作检查并无本质的区别。被评估者对评估活动没有积极的参与意识,甚至对评估有抵制和厌倦情绪。

有人认为,评估只是摆形式,走过场,对学校的具体工作开展并无实质性的促进作用。还有人认为,评估是一种"扰民"行为,干扰了学校正常的工作秩序,不仅无益,反而有害。这些看法固然有偏颇之处,但究其原因与开展的评估方式、方法不当有关。评估的目的不只是在于分出等级,更在于改进工作。如果评估者对此没有深刻的认识,而是简单地把评估作为分出优劣高下的工具,必然会造成误导和误解。

(二)评估功能和模式单一

评估具有导向、改进、鉴定、激励、管理、研究等多种功能,但目前的评估尚不能充分发挥这些功能,只有鉴定功能、管理功能在评估中表现得较为明显。评估模式基本采用泰勒的"目标行为模式",或者说"目标到达度"模式,这种模式在我国是伴随着加强教育行政管理和督导工作发展起来的,是由领导部门组织的行政评估和他人评估。而专家评估、社会评估、自我评估的成分很少,势必影响教育评估的全面性和被评估对象的积极性。

(三)评估的技术水平不高

评估的可信度和效率在很大程度上依赖于对评估手段技术的准确把握和恰当运用。教育评估涉及多种评估技术和评估工具的运用,不同的技术和工具有不同的作用。目前,在高校教学评估中使用的最为广泛的是量化的技术,但一部分评估人员对如何编制量化表、如何保证可信度和效率等缺乏应有的知识和能力,致使量化方法这一重要的教育评估技术出现偏差,导致出现"盲目量化"的现象,似乎教育的一切方面都可量化,而一切量化又都是有价值的。

(四)对教育评估缺乏再评估

评估标准是否合理、评估方案是否科学、信息搜集是否全面、信息处理是否得当、评估结果是否客观、评估结论是否公正,这些问题都有待对教学评估进行再评估以后的回答。没有再评估，对教育评估就失去了检查和监督的意义，就很难保证各个环节的合理无误，很难使教学评估活动具有自我认识、自我批评、自我提高的能力。当前，教学评估中出现的许多问题都与缺乏再评估紧密相关。

第三节　我国高校教学管理体制改革策略

面对创新人才培养对教学管理体制的要求，本节将对高校教学管理体制创新的研究展开论述。笔者认为，针对高校的具体情况，教学管理体制创新可采取的对策是：更新教学管理观念，突出"以人为本、以生为先"的管理思想；建立以学院制为主体的教学管理体制；健全学分制管理制度；构建高校教师培训体系；协调教学与科研的关系。总结高校建立的教学改革实验班教学管理体制的创新之处，并鉴于其具有实验性而不具备普遍性的特殊情况。在教学改革实验班成功的基础上，高校教学管理体制将继续从学分制教学管理制度和"以学生为中心"的教学管理模式两方面进行改革。

一、高校教学管理体制创新的对策探讨

（一）突出"以人为本，以生为先"的教学管理思想

人类社会的每一次重大变革，总是以思想的进步和观念的更新为先导。观念是外部世界的主观反映，外部世界是不断变化的，观念也随之不断地发生变革。教学改革的进程同样离不开思想的不断解放和观念的不断更新。在高校培养专门人才、发展科学、直接为社会服务的三项基本职能中，人才培养始终是最基本、最重要的职能。教学管理的主体应是学生，教学管理工作应本着"一切为了学生，为了一切学生，为了学生的一切"的原则进行，突出"以人为本、以生为先"的教学管理思想。

1. 确立尊重学生自主权的教学管理思想

尊重学生知情权、选择权、参与权等自主权，目的是为学生自主学习、自我管

理、自由发展提供必备条件，从而培养学生具备自我构建智力结构的能力，使其成为具有创新精神和创新能力的人才。

（1）赋予学生知情权。学生有权了解学校的教学计划、培养方案、各项规章制度、开设课程、课程安排、教师资历、教育培养经费的使用情况及其他与学习、生活有关的情况。学校赋予学生知情权，可从学校、院（系）和学生三方面进行。

第一，借助网络公开校务。学校将与学生利益相关的内容挂在校园网上，使每个学生都能了解学校的政策与具体规章制度。

第二，教学秘书、班主任或学生干部及时、准确地通知院（系）事务。院（系）通知的事情一般与学生的利益有较直接的关系，如申请奖学金、评选优秀学生、参与学术活动等。

第三，学生主动向老师了解自己关心的事情。学生对于自己想了解的事情应积极主动地询问教师或院（系）教学秘书，自己采取主动。

（2）交还学生选择权。学生自主选择的权限包括选择专业、选修课程、选择授课教师、学习模式以及学习年限等。为保证学生选择权顺利实施，可以从学校、教师、学生三个角度进行。

第一，从学校角度讲，要进一步完善选课制和导师制，从制度上保障学生在选择专业、课程、教师及学习年限上的自主性。

第二，从教师角度讲，要不断提高教师的业务水平，开设数量多、质量高的选修课，让学生有更多的选择。

第三，从学生角度讲，选修课程要根据自己的特长、兴趣做出合理的选择，不要盲目地选择容易获取学分的课程。另外，课程选择权还应赋予学生在规定时间内改选课程的自由。

（3）给予学生参与权。学生参与学校的教育教学活动使他们有机会学习民主和运用民主管理，对培养他们形成主人翁意识、自主自立能力有很大益处。参与权可以分为教学管理参与和教学过程参与。教学管理参与可派学生代表参与校级或院

（系）级的教学事务管理，参与教学计划的制订，参与教师的教学评价，参与信息收集与反馈等。学生参与管理，增强了学习知识和运用知识的主动性和自觉性，培养了学生的实践能力和动手能力。

教学过程参与，一方面指学生应在课堂上主动参与教师教学，与教师进行互动，而不是把自己作为装盛知识的"容器"。另一方面指学生有权参与教师的选择，参与自己的专业课程设置，实行个性化培养。教学过程参与将以往在教学过程中对学生进行的统一管理转变为个体参与，以培养学生的主体意识和激发其主观能动性。

"以人为本、以生为先"的教学管理思想要求充分调动学生的主动性与积极性，但并不意味着毫无规范与限制。因此，学校在建立完善的制度体系以保障学生知情权、选择权、参与权的同时，还应考虑给予这些权利一定的权限，确保学生正确使用知情权、选择权和参与权。

2. 树立个性教育的观念

据一项有关大学生创造性人才观的调查结果表明，影响创新人才的十项因素中，"独立性"被大学生认为是最重要的。独立性又由"有个性、有创新意识、敢于怀疑权威、有主见不盲从、有预见性和超前意识"几项因素构成。可见，一个创造者的成功与否，往往与他的个性有内在联系。为了充分发展学生的个性，挖掘其创造潜力，高校应转变教育思想，树立个性教育的观念。个性教育就是在教育教学过程中，教育者尊重受教育者的个体差异、突出其主体地位，促进个性自主和谐发展。个性教育可通过尊重学生个体差异、突出学生主体地位以及建立新型师生关系这三条途径实施。

（1）尊重学生个体差异。一方面，要承认人无全才，但人人有才，教师和教学管理人员在教育教学过程中要充分考虑学生的生活、经济、文化等背景的差异，按照具体问题具体分析的方法做到因材施教，使学生人人成才。另一方面，要理解学生的奇思怪想和标新立异。学校应有宽松的环境让学生自由发表言论、阐述思想、探索新知。学校对个别学生的特立独行、标新立异等行为应给予理解、尊重和保护。

苏霍姆林斯基说:"只有承认这种个性差异,才有利于对每一个学生进行教育,才有利于发展学生的自尊心。"①学生的个性在教育中能否得到发展,将影响到学生今后是否具有自觉思考、独立判断、敢于质疑、主动探究、勇于探新、善于探索、积极参与、勤于实践的创新精神与创新能力。

(2)突出学生主体地位。凸显学生的主体地位,发展学生的个性与主动性,可以克服学生思维中存在的从众定式。学生的主体地位可通过增强其主体意识和发展其自我意识两方面进行提高。

一方面,在教育过程中,教师通过增强学生的主体意识,培养和提高学生在教育中的能动性、创造性、自主性,使他们成为具有自我教育、自我管理和自我发展的主体。

另一方面,发展学生的自我意识。教师在教学中,引导学生正确地认识自己、评价自己,鼓励学生大胆地提出自己的看法,而不受教师所谓的标准答案的制约。

(3)建立新型师生关系。新型师生关系指以学生为主体、教师为主导的师生关系,即学生在教学活动中将有更大的主动性和自主性。

建立这种师生关系要注意两点:

一要树立新的学生观,就是要承认学生是一个不断自我发展、自我完善的独立的人。教师要改变因学生的所思所想或所作所为与自己的想法或要求不一致,而对该生给予否定评价的做法,正确看待学生各自不同的思维方式和行为特点,正确对待他们在成长中存在的问题和错误。

二要加快教师自身角色的转换。教师要以人格魅力吸引学生、渊博知识感召学生,通过不断完善自己得到学生的爱戴,而不再以神圣不可侵犯的"权威"形象出现。杨福家曾说:"教师要做学生头脑里火种的点火者,而不是灭火者。"②因而,教师应努力改变师生之间原有的"权威—服从"式关系,克服学生思维中"唯师""唯

---

① 苏霍姆林斯基.给教师的一百条建议[M].天津:天津人民出版社,1981.
② 杨福家.博雅教育[M].上海:复旦大学出版社,2014.

上"的权威定式,将学生视为独立的个体,尊重其独特个性,最终形成相互激励、教学相长的师生关系。

高校只有按照"以人为本,以生为先"的教学管理思想,尊重学生的自主权和树立个性教育观念,才能为学生创造个性的发展提供足够的空间,才能充分挖掘学生的潜力,才能培养出具有创新精神和创新能力的人才。

(二)建立以学院制为主体的教学管理体制

建立以学院制为主体的教学管理体制,首先要根据学校学科专业发展的实际及其要求设置学院。设置学院后,注意校、院(系)两级管理体制在职、责、权的划分、院(系)管理自主权的扩大,以及学校对院(系)教学管理的重视三个方面的问题。

1. 明晰校、院(系)两级职、责、权的划分

我国高校的学院要建设成为大学的人才培养、学科建设、科学研究和管理指挥中心,校、院(系)两级必须遵循职、责、权相统一的原则。职、权、责三者应结合成一体,克服那种"有职无权""有责无权",或"有权无责""有职无责"等不利于提高工作效率的状态。

大学的校级领导和各职能部门必须从以往包揽各种日常管理事务的状态中解放出来,将以往的过程管理改为目标管理,减少对教学、科研等具体工作的干预。校级决策部门实行目标管理的基本方法是,根据一定时期内教育事业的发展方向,确定学校的办学方向和发展总目标,然后将总目标向院(系)执行机构层层分解,逐级展开,通过上下协调制定各层次的具体分目标,以学校的总目标指导分目标,用分目标检查各部门和所有个人的工作。

作为决策层,校级管理部门的主要职责是:掌握党的方针、政策,把握学校的办学方向,明确未来发展的目标和重点;规划与设计人才培养方案、制定教学管理与学籍管理制度、评估专业和课程建设、建立教学质量保障及监控体系;保障重点实验室、图书馆和网络中心等共享资源的建设与管理;超越学院层次组建跨学科的科研中心与重大科研项目组,加强更大范围学科间的横向交叉综合等。需要注意的

是，校级管理部门对重大问题做出决策之前，应充分发扬民主，广泛征求学者、教授的意见，充分发挥学术委员会、教学委员会等各个委员会在决策中的作用。

院（系）根据学校的总体发展方向和各项工作部署，制定该院（系）的中长期发展方向和目标，规划、协调各学科的建设，统筹调配院（系）的人、财、物，各种资源得以综合利用。同时，学院不能仅局限于校内，要走出校门，走向市场。根据社会的发展需要，妥善处理好学院与社会、学院与企业的关系，动员和利用院（系）的资源与相关产业进行广泛的联系。院（系）级的职、责、权包括：兼有承担基层行政管理和从事教学科研活动的双重职责；拥有教学、研发、机构设置、人事调配、奖金分配等方面的职责；负责管理、监督下属系部的各项教学、科研工作。

2. 扩大院（系）管理自主权

校、院（系）两级教学管理体制要做到职、责、权一致，院（系）所拥有的职责和权力必须相称。鉴于我国高校决策权集中在校级，院（系）级有责无权的现实情况，学校应将教学管理的权力适当下移，如培养方案的制订与实施、专业的设置与调整、教学经费的管理与使用、组织人事管理、自主配置资源、内部机构设置、实践实验基地管理、对外合作交流等，以扩大院（系）管理自主权，提高管理效率和办学效益，更好地履行大学为社会培养人才的职责。

由于我国在建立学院制之前，实行的是校、系、室三级管理体制，而管理权主要集中在校级部门，系和室只有较少的权力，因此，扩大院（系）管理自主权的主要途径是校级部门授权，其次是系、室级交权。从行政管理学角度来看，授权通常体现在两个层次：

一是决策层次的授权，即把一部分决策权授予下级行政机关或职能机构；二是执行层次的授权，即允许下级行政机关或职能机构在一定范围内自主完成工作。如果学校从执行层次上授权，学院则成为虚体学院；如果从决策层次上授权，学院则是实体性的。随着教学改革的逐步深入，虚体学院向实体学院演变的趋势。虚体学院要向实体学院转变，校级部门对其授予决策层次的权力是转变的有效途径。

校级职能部门在下放权力时，应做到以学术权力下移为主、行政权力下移为辅，以突出学院的学术功能。学校将属于学术范围的权力下移到院（系）层级，如设置专业与课程、申报科研项目、管理学生、聘任教师的权力等；将一定的资源分配权、机构设置权以及人事权等属于行政范围的权力下移到院（系）一级。与此同时，校级职能部门以实施计划、监督、调控服务为主，领导和监控学院的工作。

扩大学院的管理自主权在一定程度上改变了决策权集中在校级部门的现象，为分层决策的实现提供了条件。实行学院制，关键就是管理权力必须真正下放到学院，否则学院制起不到应有的作用。

3. 落实教学管理在院（系）中的核心地位

学校重视院（系）的教学管理工作，可从保障教学经费的有效投入、开展教学管理的研究以及提高教学管理人员素质三方面着手。

（1）保障教学经费的有效投入

对于院（系）对外科技服务和短训班的收入，学校按总收入的一定比例收缴，剩余的留给院（系）做教学经费。对于急需项目的教学经费，学校每年给予专项保障。

（2）开展教学管理的研究

对教育管理知识贫乏的教学管理干部，学校对其进行相关培训，增加相关专业知识。教学管理干部将日常工作中积累的经验与实践相结合，使其经验得到升华，为其他教学管理人员的工作提供理论基础和实践经验。

（3）提高教学管理人员的素质

为了提高教学管理人员的素质，学校和院（系）领导要支持他们积极参加各种业务培训，学习教育科学理论，掌握专业管理知识，掌握现代技术手段。在条件允许的情况下，在招聘教学管理人员时就将是否具有教育科学理论、掌握专业管理知识和现代技术手段作为考核条件，把好入门关。

从全面直接管理到两级教学管理，是教学管理模式的重大转变。在改革的过程中，校、院（系）两级应理顺关系、明晰职、责、权的划分，校级职能部门应下放适当的权力给学院,确保教学管理在院(系)诸多管理中的核心地位。只有这样,院(系)才能在学校的大政方针指导下,建设成为培养创新人才的中心,从而为创新人才的培养提供良好的环境。

(三)健全学分制教学管理制度

高校可以从选课制、导师制、弹性学制和三学期制4个方面健全学分制教学管理制度,并发挥学生的自主性、尊重学生的差异性、调动学生的积极性以及培养学生的全面性,最终帮助学生养成良好的思维习惯、构建合理的知识结构。

1. 完善选课制,发挥学生的自主性

选课制是学分制的基础,选课制允许学生在学校规定的范围内自由选择专业方向,选择课程,选择教师,选择上课时间和自主安排学习进程。如何设置选修课程,如何安排选修课的比例,学生能有多大的选课自主权等,已成为研讨学分制问题的焦点。因此,选课制主要从增加选修课数量、提高选修课质量、加强选课的管理和指导三个方面进行完善,不仅为学生提供大量高质量的选修课程,而且为培养具有创造性才能的学生奠定坚实的知识基础。

2. 完善导师制,尊重学生的差异性

导师制是成功实施学分制的关键。实行导师制的目标就是发展学生个性,通过为学生制定个性发展策略,跟踪学术需求,从而提高学生学习的积极性和持久性,达到提高教学质量的目的。根据对师资力量制约学分制顺利实施的原因分析,目前我国高校在推广导师制方面还有待加强,可从组织、思想以及数量三方面展开工作。

(1)建立指导教师委员会。为了方便导师工作的组织和管理,学校应建立指导教师委员会,各院(系)则建立指导教师工作组。委员会由各工作组负责人和学校相关职能部门负责人组成,主要负责召开会议,听取汇报,解决问题,布置工作。工作组的主要任务是选聘导师,明确职责,制订工作计划,定期反馈信息,交流工作经验以及期末评估。导师受聘期间指导学生的工作要计算工作量,并与其年度考

核及酬金分配挂钩；工作业绩要记入教学档案，作为提职晋级的依据。

（2）扭转部分教师认为本科教学管理并非自身责任的观念。

一要加强认识实施学分制的重要性，了解实行导师制的必要性，从思想上重视、行为上配合导师制的顺利推行。

二要认识到教学和科研之间是相辅相成的关系。教学、培养人才是高校的基本任务；科研是提高教师水平、教学质量以及办学水平的关键。教学与科研的结合是培养创新型人才的需要。导师除了担负一定量的教学和科研任务，还要了解学生的学习情况、选课情况、成绩情况，解决学生在学习方法、专业知识等方面的问题。同时，导师要通过言传身教和人格魅力的感染，对学生进行潜移默化的思想教育。

（3）实行班级导师制。与导师一对一的交流能促进学生的有效学习，但是，鉴于我国高校教师的数量有限，且学生数量众多，难以实行真正意义上的导师制。针对这种现象，高校可实行班主任与导师相结合的班级导师制。这里所指的导师制是指为本科生配备导师，所以师生比例可稍微高一点，如1∶18。班级导师制是指1位导师带3位年轻教师（助教）或3位高年级的学生（硕士或博士），由这3位教师或高年级的学生（硕士或博士）分别带6位本科生。本科生平时的学习状况由这3位教师或高年级的学生（硕士或博士）定期向导师汇报，并把反馈信息传达给本科生。当然，这种方法很难达到导师直接指导学生的效果，但在学生数量远远高于教师数量的今天，它不失为一种好的解决办法。

实行导师制，可以培养学生的独立思考能力，不仅有助于学生的学业，而且有助于通过迁移培养学生的其他能力。

3. 实行弹性学制，调动学生的积极性

弹性学制是以学分制为基础的教学管理制度，只要修满了学校规定的学分，允许学生提前毕业，也允许家庭经济困难或有志创业的学生中途停学工作或创业，从而延长学习年限。为此，高校应建立灵活的弹性学制，以改变现行学籍管理制度对学分制的影响，从而调动学生的学习积极性。

弹性学制的建立，给学生自主确定学习进程以极大的自由度，具体可从3个方面进行。

（1）打破专业壁垒

这里所指的打破壁垒，一是转专业难，二是不同专业互认学分难。

对于转专业难的现象，高校的各院系可以建立转专业指导小组和评估小组，分别负责为学生提供咨询服务、接受转专业申请并对其考核、评估以决定该生是否适合转专业。转专业只能在学校教学资源允许的情况下进行，不可能完全放开。对于不同专业学分互认的情况，高校可以打通主、辅修界限。

对于学有余力，在规定学制范围内选择辅修专业的学生，如果未能达到该专业的全部要求，但已修合格的课程应可作为其主修专业的选修课学分。打破专业壁垒不仅能弥补专业设置过窄、专业选择过死的弊端，而且能满足学生的学习兴趣，激发其学习积极性。

（2）模糊学习年限

在学年制度下，假设所有的学生都处于同一起跑线、都具有同样的学习能力，在同样的时间内完成同样的学业。这种做法违背了因材施教的原则，高校应使学习年限具有灵活性，任学生自由选择。

第一，允许学生延长学习年限。学生可在规定的学习年限内完成学业，也可延长学习年限，通常在1.5倍或2倍于学制的时间内完成。

第二，允许学生分阶段完成学习，可以边工作边读书，也可以先工作后读书。例如，河北经贸大学在教学过程中推出了"让路"原则和"三明治"模式。前者指如遇有意义的社会实践活动与教学相冲突时，可适当地暂缓教学，实践活动先行；后者指两个学期或学年之间夹一个学期或学年的社会实践，真正为加强学生实践能力提供了平台和保障。

第三，允许学生申请休学或停学，并对此不做过多限制。

（3）改革学位制度

一要改变提前毕业不能提前授予学位的现象。学生修满学分，获准毕业的同时，就可以获得毕业证书与学位证书，否则，提前毕业就无任何实质意义。

二要取消离校后不授予学位的限制。对于在校学习期间未修满学分持肄业证或结业证的学生，允许其回学校继续重修不及格课程的学分，修满学分后立即颁发学历证书，符合学位条件的可同时颁发学位证书。这样，学习的弹性可以从在校期间扩展到离校以后。

虽然这种创新加大了管理人员的工作量，但为学生带来了方便，使其在校期间能充分发挥主动性、积极性和创造性，体现了教学管理以生为本的原则。

4. 实行三学期制，培养学生的全面性

高校教育的改革和发展随着社会的进步逐渐推进。新中国成立以来，我国高校一直采用的两学期制教学管理制度渐渐跟不上时代的步伐，不能适应正在全面推行的学分制改革。为增强学期制对学分制的适应性，高校可将原来的两学期制变为三学期制，以解决选修课与必修课、理论课与实践课之间的矛盾。高校实行三学期制需要解决三学期的学期划分和夏季学期的课程设置、夏季学期的师资安排以及学校教学与后勤管理等方面的问题。

（1）三学期制的学期划分

三学期制指一学年包括春、夏、秋3个学期，其中夏季学期是在原来的春、秋两学期各缩短两周的基础上增加的。秋季学期一般9月中旬开学，春节前半个月结束；春季学期通常在春节后10天左右开学，6月中下旬结束；经过一周的休息后进入为时8~9周的夏季学期。在推行三学期制的过程中，要突出夏季学期的特色，而不能将其作为学期的续延。

（2）夏季学期的课程设置

夏季学期的课程分为四个部分，学生可以根据各自的需要选择不同内容。

第一部分，开设选修课。夏季学期开设的选修课应遵循课时短、内容新、难度适宜的原则，学生则应遵守选课要求。在夏季学期内，学生可以自由选择修读的课程。开课3天内为学生的试听阶段，试听后要确定选课方向。所选课程一旦确定，就必须修满该类课程所规定的学分。夏季学期的成绩纳入学籍管理，达不到规定学分者，不能如期毕业。

第二部分，设置实践性强的课程。利用夏季学期相对集中的学习时间，安排不宜分散教学的实验课程与实习、组织学生进行社会实践，培养学生的实践能力。

第三部分，安排学术专题与讲座。充分利用夏季学期聘请国内外专家、学者进行学术报告或专题讲座。

第四部分，开展外语活动。加强外语的应用能力，以适应双语教学和日后就业的需要。

除了以上课程，对于具有科研能力的学生，还可利用夏季学期集中参与教师的科学研究，以培养科研能力和创新能力。

（3）夏季学期的师资安排

一方面，可合理安排校内资源。实行三学期制后，随着春、秋两学期的学时缩短，教师讲授课程的内容也相应地有所精简，也就减少了原有的课时。教师为保证完成规定的教学工作量，必将主动开设适应社会需要、学科发展需要和学生需要的新课程。

另一方面，充分利用校外资源。聘请国内外知名学者来校讲座或开设短期课程，丰富课程内容，拓宽学生视野，同时，增加本校教师进行高层次学术交流的机会。

（四）构建高校教师培训体系

高校教师培训是指我国各类高校中进行的师资教育。通过培训教育提高师资水平，不仅能切实保证教师的教学质量，而且能保证培养学生的质量。随着教育改革的不断深化，虽然我国高校教师培训工作取得了重大进展，但在培训过程中仍然存在一些问题，阻碍了创新人才的培养。

教师培训过程中出现的问题主要表现在三个方面。

1. 注重业务培训，忽视师德培养

无论学校组织培训还是教师参加培训，其功利性均较强，培训内容多倾向于为提升学历、评审职称、出国进修做准备，不够重视师德培养。即使高校进行师德培训，也只是短短几天的《教师职业道德修养》课堂讲授，不足以全面提高教师的职业道德修养和思想政治素质。

2. 注重学历培训，忽视非学历培训

教师培训过于关注教师更高学历的获取，而忽略教师综合素质的培养。

3. 注重培训过程，缺乏培训考核

高校教师培训工作注重过程，对教师培训的整体绩效缺乏检查、监督、评估机制，难以达到教师培训的预期效果，影响教师教学水平和教学能力的提高。这些问题使教师培训失去了原本要提高教师思想素质、教学水平以及综合能力的意义，使创新人才的培养受到阻碍。

高等学校师资培训工作要坚持立足国内、在职为主、加强实践、形式多样、以中青年教师为主、以高层次培训为重点的原则，加强师德教育，提高教学和科研能力，推动学校发展。构建教师培训体系包括培训对象、培训形式、培训内容、培训考核与评估以及培训经费等内容。

（五）协调教学与科研的关系

协调处于失衡状态的教学与科研之间的关系，就要明确学校的定位，调节教师的心态，建立公平而有效的评价机制以及促进教学与科研的相互转化。

1. 明确学校的定位

如果将大学分为研究型大学、教学研究型大学以及教学型大学三类，各类学校的侧重点肯定不同。研究型大学虽然较其他大学更多地从事与国家长远利益相关的基础科学研究的研究，但同样要重视教学，给教学效果良好的教师以应有的学术尊重。

2. 调节教师的心态

部分教师感到只专心教学既没有前途，又没有"钱"途，得不偿失，而专心科研则能名利双收。对此，学校应调节教师的不良心态，改变其急功近利的思想。

一要从外部进行调节。学校要提高对教学型教师的认可程度，与科研型教师相比，教学型教师也应获得相同的尊重和享有同等的地位，树立教学水平也是学术水平的观念，建立公平有效的评价标准等。

二要从内部进行调节。高校教师应加强自身的道德修养，以正确的道德规范看待现实的利益关系，处理好教学和科研之间的利益矛盾，在工作中协调教学与科研的关系，使之平衡发展。

3. 建立公平而有效的评价机制

如果将教学水平视为学术水平中的一种，就必须有衡量教学水平和教学效果的科学方法。依据学校的办学特点，权衡教学与科研在教师评价中的比例，同时参考教师的教学工作量、教学水平与效果、创造性思维、和谐发展的人格，从教育价值、学术价值、社会价值各方面综合考虑，建立科学的评价指标体系。评价指标体系包括评价主体、评价方式、评价内容以及评价标准4个方面。

4. 促进教学与科研的相互转化

由于学校既不是企业也不是科研院所，因此，在大学里从事科研工作应该与培养学生联系起来，不能脱离教育学生这个"本"而从事科研活动。联系科研与学生的纽带就是科研与教学的相互转化。

科研成果对教学的转化可以通过以下方式体现：

（1）教授和学科带头人为本科生上课、举办讲座。

（2）教师上课不仅传授已有的学科知识，而且应把最前沿的学科动态介绍给学生。

（3）教师将科研成果编进教材、带入课堂、带进本科教学实验室。

（4）教师采取研究型教学，加强师生互动，让学生主动参与获取知识的过程。

（5）吸收高年级本科生参与科研，培养其科学精神和创新能力。

（6）积极开展大学生课外科技活动，加强对学生的创造性实践与训练。

教学向科研的转化则通过科研项目来源于教学的方式表现，即教师在教学和教学实验的过程中发现新的科研方向；在指导学生毕业设计、毕业论文或实践科目的过程中得到攻克难题的启示；研究新的教学方法满足教学改革的需求。诚如雅斯贝尔斯所说："只有自己从事研究的人才有东西教别人，而一般教书匠只能传授僵硬的东西。"[①] 大学教师，特别是高水平教师，要尽量多传授自己的"原创作品"，即科研成果，教师的科研成果越多，教学内容就越丰富。协调好教学与科研之间的关系，不仅有利于教师教学与科研水平的提高，而且有利于创新人才思维能力、科研能力以及创造能力的培养。

二、高校教学管理体制创新的实验研究

面对急剧变革的社会对人才不断提出的高要求，高等教育面临着前所未有的挑战。高校从各方面进行着日益广泛和深刻的变革，建立教学改革实验班（以下简称教改实验班）就是其中之一。

（一）教改实验班教学管理体制的创新

尽管各高校教改实验班在办班形式、培养模式、管理方式上有所不同，但其培养目标却是惊人的相似。各实验班的培养目标可概括为：培养拥有坚实基础、富有创新精神和实践能力、具有国际竞争力的高素质复合型人才。为了完成这一目标，各教改实验班在教学管理体制上进行了如下创新：

1. 教学管理思想创新

"十年制高等教育"是指将本科教育和研究生教育融为一体，在本科教育阶段仍然以基础教育为主，至研究生教育阶段再进行专业教育。"十年制高等教育"理念是一种新思想，但由于各高校的实际情况存在差异，该思想并不适用于所有教改实验班，具有一定的特殊性。

---

① 雅斯贝尔斯. 什么是教育[M]. 邹进, 译. 武汉：长江文艺出版社, 2020.

2. 教学管理方式创新

在教学管理方面，教改实验班有别于其他普通班级，它采取了分段式教学管理。这种方式将整个教学计划分成基础教育和专业教育两个阶段。在基础教育阶段，即入学后的第一、二年，学生不再像以往那样先分专业，而是按大类学习规定的课程，共同接受基础教育。在第三、四年进行的专业教育阶段，实验班学生按所在专业的培养计划接受专业知识的教育，并可在学有余力的情况下，提前参与科学研究。

3. 教学管理制度创新

设有教改实验班的高校在这块"试验田"里完全实施学分制。以元培计划实验班为例，该班实行的是在教学计划和导师指导下以自由选课为基础的学分制。实验班学生在进校后第二年配备导师，导师根据学生的特点、特长和志向指导学生选专业、选课、制订个人学习计划，对学生从入学到毕业进行全程指导。在导师指导下，学生根据自己的情况安排3～6年的学习计划，少则3年即可毕业。若在4年内仍未完成本科阶段的学习任务，则4年后仍可继续修读，直至修满学分毕业。第二学年末或第三学年初，学习成绩合格者可以在学校教学资源允许的情况下自主选择专业。

4. 教学管理过程创新

教学管理过程创新包括加强基础淡化专业、聘用最优秀的教师以及培养科技创新能力三个方面。

（1）加强基础淡化专业。教改实验班按大类招生，不分专业，采用"加强基础、淡化专业、因材施教、分流培养"的办学方针，充分利用综合型大学学科齐全的优势和良好的教育资源，实践本科阶段低年级基础教育和高年级宽口径专业教育相结合的教育理念，突出基础、能力、素质三要素的全面培养。

（2）聘用最优秀的教师。各高校的教改实验班为学生配备了全校最好的师资。

（3）培养科技创新能力。建立教改实验班的高校为该班学生创造了参与学术活动和国际交流的机会，以培养他们的科技创新能力。

（二）教改实验班教学管理体制创新的启示

由于教改实验班在各高校是教学改革的"试验田"，承担着先行者的任务，学校对此又给予了各项优惠政策，因此，尽管其在教学管理体制上多有创新，并显现其优势，但限于学校的条件，短期内并不适宜在全校范围内推广。暂时不能推广并不等于否定了教改实验班的管理创新，恰恰相反，实验班的成功表明了我国高校教学管理体制今后需要努力的方向。

1. 改革教学管理制度

对于学生而言，教学管理制度需要进一步改革的内容是，在现行的学分制和学年学分制的基础上，实行更为自由的选课制，更利于学生学习的导师制以及按学分注册、缴费、毕业的学籍管理制度。对于教师而言，教学管理制度应在培养教师的创造性，营造有利于教师创造性发挥的宽松环境方面继续努力。

更为自由的选课制是学分制的核心。学生在导师的指导下，对于选择专业、课程、授课教师和学习进程有较大的自主选择权。导师制要求在全校范围内选聘导师，副教授、教授均可为本科生担任学业导师。每学年对导师进行一次年度业绩考核，考核结果作为职称晋升、岗位聘任的基本条件。按学分收费将是全面实施学分制后的必然趋势。例如，新生第一学年不参加选课，就按照国家规定的标准收取培养费。第二年按所选学分注册，收费金额按目前学年制的收费标准折算的单位学分收费标准计算，以此类推。

（1）在培养教师创造性方面，学校主要采取对教师进行职后继续教育的方式。随着科学发展的日益变化，教师的知识不可避免地要不断更新，否则就不能适应教学的需求。教学管理部门根据学校发展的总目标，针对学科设置的要求，制订教师培训的具体规划。规划的内容包括选拔培训人员的条件和方式，规定培训内容、培训方式、培训时间、培训经费及培训期间待遇等。

（2）在营造创新环境方面，学校可以从物质环境和精神环境入手。创造物质环境就是加强硬件设施，为教师创造良好的工作环境，如建立设备先进齐全的科研实验室、教学研究室，加强多媒体教室的建设，加强校内信息网络、图书馆、科技资料室的建设，美化校园环境等。精神环境就是营造一种民主、公平、自由的氛围，如尊重教师的人格和生命价值，客观评价教师的教学科研工作业绩，重视教师的科研成果和劳动价值，容纳教师的不同学术观点等。

2. 改变教学管理模式

随着"以人为本、以生为先"教学管理思想的逐渐渗透，高校将加大改革步伐，使"以教师为中心"的教学管理模式向"以学生为中心"的管理模式转变。具体表现为两段式教学管理、参与学术研究以及加强对外交流。

第一，两段式教学管理。为了达成高校培养具有厚基础、强能力、高素质人才的培养目标，高校教学管理部门将按照"强化基础、淡化专业"的观念，实行以通识教育与专业教育有机结合为核心的两段式教学管理。对于两段式教学管理，不同学校采取的方式各有差异，一般分为2+2模式或1+3模式。

第二，参与学术研究。吸引学生参与学术研究的出发点在于充分利用本校的教学资源、高水平的师资队伍和雄厚的科研实力，为学生提供科研训练平台，以培养学生的创新思维、创新精神和创新能力。学生参与学术研究可以通过三种形式进行。

（1）参与导师的课题研究，以获得导师的言传身教。

（2）参与学校的科研训练项目，以培养团队合作精神和实践能力。

（3）参与各种学术沙龙、学术报告会以及学术交流活动，以增进对该学科前沿的了解。

第三，加强对外交流。高校应努力扩大对外交流，使学生获得全新的体验，拓宽视野、增长知识、提升看问题的高度、为提高国际竞争力打下良好的基础。学校应积极拓展各种渠道，为本科生在校期间出国交流提供更多的机会，如校际、校企以及国际之间的交流。交流形式包括短期课程学习、短期培训、技术实践以及文化交流。

第四章　基于创新理念的现代高校课程管理

人才培养是教育领域研究的重点内容，而课程建设与管理是实现人才培养目标的重要依托，也是高校教育教学育人管理的重要载体与主要渠道。本章分为课程与高校课程，现代高校课程管理的基本原则，现代高校课程管理的理论和实际意义，现代高校课程管理创新发展的策略四个部分。主要包括：课程及课程管理概述，高校课程概述，现代高校课程管理的人本性、目的性、系统性等原则，现代高校课程管理的理论意义和实际意义，现代高校优化课程教材管理、实施人文引领的高校课程价值管理、创新高校专业课程管理的高校课程管理创新发展策略等内容。

第一节　课程与高校课程

一、课程及课程管理

（一）课程

1. 课程内涵

课程作为教育教学的中心环节，一直备受国内外学者关注，学术界对课程的定义也是众说纷纭，主要的课程内涵有如下观点：

（1）我国的"课程"这一词由唐代孔颖达最先提出，他在《诗经》注释中所说的"维护课程，必君子监之，乃依法制"，意指礼仪活动的相关程式。

（2）课程是指学生在学校获得的包括教学活动、教学进程、学科设置、课外活动以及校园文化在内的全部经验；也指一切有规定数量和内容的工作或学习进程。

（3）课程最根本的内涵是知识组织，课程就是知识体，"教学内容经组织后所形成的每个'知识体'就是一门课程"。

总结来说，广义的课程即指学生在校内习得的包括教育教学和课内课外活动、学习氛围和学校背景环境在内的所有经验，狭义的课程则专指与教学活动有关的学科及其关联活动的总和。

2. 课程结构

这是"课程内部各要素、各成分、各部门之间合乎规律的组织形式"。课程结构作为课程实施过程中的纽带，存在于课程活动的各个环节，主要表现为宏观结构与微观结构两大类：宏观结构指的是课程总体设计的结构；微观结构则包括课程实施过程中各要素与成分之间的整体组合关系。在相关研究领域中，学者们多倾向于课程微观结构的研究。例如，美国著名教育家布鲁纳和施瓦布都曾对课程结构进行研究。其中，布鲁纳的结构主义学科理论就更加倾向于研究微观的课程结构，也就是课程的内在结构。布鲁纳认为，结构主义体现在学科中主要是用于支撑相应的定义原理和规律方法，并能够展现出其相互作用的内在逻辑机制。施瓦布同样专注于课程微观结构的分析，他的观点也与布鲁纳较为相似，不同的是施瓦布更加深入地研究了学科结构主义的本质，揭示了其内在的层次结构。

3. 课程特征

课程是学校教育的组成部分，更是连接学校教育与社会需求的枢纽，能够反映社会各种需求的课程以知识形式付诸教学实践时，一般呈现出以下特点。

（1）课程是经过社会选择所呈现出的社会共同意志的体现。即课程所包含的内容实际上是以社会的政治、经济和文化制度为依据，以学校教学宗旨为依托的。也就是说，学校在设定课程内容时需要考虑社会各方面的需求。

（2）课程是具有合理逻辑组织的完整体系。即课程的构成要素包括课程目标的设定、课程内容的设置、课程设计的编制、课程实施的组织和课程评价的制定等，是一个完整的作用体系，各个要素之间需要相互协调、科学运作。

（3）课程是以既定、先验和静态的方式存在的。其中，"既定"即已经存在的，"先验"即先于经验的，"静态"即相对静止的状态，换言之，课程就是先于经验而存在的一种相对静止的知识产物。

（4）课程是学习者所追求的高于自身知识的一种外在经验。即课程是外在于学习者并需要学习者通过不同途径去参与和获得的。

4.课程分类

课程分类是根据不同的分类依据将课程加以区分，形成不同形态的课程的过程。其中，两种最根本的课程类型就是学科课程和活动课程，但随着课程理论的完善，逐渐衍生出一种新的课程形式——核心课程。至此，形成了包括学科课程、核心课程和活动课程在内的基本课程分类体系。其中，学科课程主张以学科为中心，核心课程主张以学生的活动行为为中心，活动课程主张以学生本身为中心。除此之外，依据课程的本质属性，课程可有经验课程和学科课程之分；依据课程的实施形式，可分为综合课程和学科课程两类；依据课程的重要程度，可分为必修和选修课程两类；依据课程的组织和管理机构不同，可分为国家课程、地方课程和校本课程三类。

（二）课程管理

课程管理作为学校教学建设的重中之重，主要分为课程建设与教学建设两大部分。

1.课程建设的主要环节与内容

课程建设主要探讨课程应该"教什么"，具体包括以下五个环节。

（1）课程目标

课程目标作为教育目标的直观表现形式，为课程建设的最终实现做好了前提铺垫。课程目标在课程建设过程中发挥着重要的功能和作用，首要的就是其导向和评价功能，除此之外，还有调节和中介的作用。首先，课程目标具有导向性，它为课程的内容、设计、实施和评价等课程的其他几个环节确立了基本方向。其次，课程目标具有评价性,是评价其他几项工作合理、标准与否的有效依据,也是检验预期目标能否完成的根本范式。

(2)课程内容

课程目标是课程建设的中心要素,也是保障课程目标完成的最关键要素。近些年有关课程内容的研究主要体现出三种观点:"教材中心论""经验中心论""活动中心论",分别主张以"学科教材""学生经验""学习活动"为中心设置课程内容。此三种课程内容观点虽然各有不同,但在课程实施过程中若能将三者相互联系、融合运用,将会是一种新的尝试。

(3)课程设计

狭义的课程设计是指通过设计将课程内容的各个组成要素连接成一个整体,进而形成具体的课程实施结构,达成课程目标;广义的课程设计则在狭义的基础上,还包括分析课程主体、课程客体,研究课程各个构成环节之间的相互作用模式等。此外,还有学者从微观、中观和宏观的角度分别对课程设计进行区分和研究。不同视角、不同层次的课程设计有不同的主体和受体。

(4)课程实施

目前"课程实施"尚未有统一的界定,但主要有两种学者们较为认可的观点:①认为课程实施是"一个具体课程方案的实行落实",是将课程实施当作是固定不变的执行活动,多用于由上级到下级实行课程改革或课程进度推进。②认为课程实施是"把一项课程落实到实际操作的过程",是一个动态的、随课堂实施过程中因改革变化而变化的过程,适用于不同地区根据地域需求进行的课程改革实施。考虑到实际状况,课程实施是指不同地域根据本地区的教育需求和培养目标进行的课程实施或课程建设过程。

(5)课程评价

课程评价是指基于课程的实施可能性、有效性及其教育价值,可以做出价值判断的"证据的搜集与提供",主要包含两个方面的内容:教育过程是校内的计划与组织的判断决策和学生的学习成果的判断。换言之，课程评价即根据课程的实施与结果研究课程价值的过程。通过课程评价不仅可以了解和掌握学生的经验习得情况，更重要的是还可以获悉课程实施过程中课程建设各要素的发挥情况，进而为课程目标的实现和课程建设的优化提供真实的反馈信息，以及时进行调整与改进。

2.教学建设的主要环节与内容

教学建设主要探讨"如何教"的问题，一般来说，教学建设应该包括五个方面的环节与内容：即理论基础、教学目标、操作程序、实现条件与教学评价。与上述课程建设相对应，将在以上五个环节要素的基础上研究教学目标、教学内容、教学设计、教学实施与教学评价五个方面的内容。

（1）教学目标

这是指教学活动开始之前所预先设想实现的教学效果，是对学习者将要产生的学习效果的预先猜测和假设。教学目标作为教学建设的首要环节，对教学内容、教学目标等其他环节具有控制和指导的作用。泰勒原理就曾指出教学的目标与内容和评价之间的作用关系，认为教学目标是教学内容选择和教学其他环节实施的根本依据。因此，教学目标的差异直接导致了教学模式的差异，教学模式始终为教学目标而服务。

（2）教学内容

这是指"教学过程中同师生发生交互作用、服务于教学目的达成的动态生成的素材及信息"[①]。教学内容涵盖了教学过程中"教"与"学"之间彼此互动和作用所产生的全部信息，除了教材与课程的内容，还包括学校所要教授给学生的知识技能、传递给学生的思想观念和监督学生的行为习惯等，即生成性教学内容。教学内容即指学校为学生提供的一切用来满足学生学习需求的有形或无形的教学资源等。

（3）教学设计

国外对教学设计概念的界定主要包括系统课程观、科学技能观、"最优处方"

---

① 崔萍.教学改革论：哲学社会科学专业教学内容与方法探析[M].北京：首都师范大学出版社，2006.

观等观点，国内则提出了"过程—程序"说、"解决问题"说、"技术"说等不同的说法。综观国内外学者的观点，认为教学设计是以教学目标为准则，针对教学对象所确定的合理有序的教学安排，其中包括教学建设各要素的安排与教学实施的设计等环节的系统化过程。教学设计可以由大到小针对不同的学段、学年、学期、单元、课时甚至一个片段，也可具体指某一课时或教学片段的设计。

（4）教学实施

有关教学实施的概念，目前尚未有统一的界定，但从另一个角度来看，教学设计关注的是如何提供一个教学活动整体安排的方案，那么教学实施则是如何将这样的教学方案进行实际执行和操作。这个"如何做"既要满足教学活动中的教学目标、内容与对象的要求，又要考虑教学环境的差异性与可能性，比起教学的详细施行办法要更加复杂化。教学实施作为整个教学系统运作的核心环节，其执行与落实情况直接决定了教学目标的实现与否，因此，要更加深入地研究和探讨。

（5）教学评价

一般来说，对"教学评价"的定义分为广义与狭义两种观点。广义的教学评价是指"对一切影响教学活动因素的评价"，是指运用科学的方式，以合理的评价标准和指标为依据对整个教学活动产生的实际教学效果所做出的价值判断。狭义的教学评价则是指采取科学合理的措施，以实际教学目标为依据对教学活动做出评价和判断的过程。综合两种说法，教学评价是指基于一定的评价标准，通过科学的教学信息收集，运用合理的评价方法来判断整个教学过程的价值。

综上可知，课程管理包括课程建设与教学建设两大要素，具体又包括课程（教学）目标、内容、设计、实施与评价等。因此，要想实现课程建设的完善化和创新化，就需要以"目标"为导向，促进各个构成环节与要素之间的协调与衔接，进而形成一个良性的课程运作系统。这就需要我们从不同层面、不同视角对课程建设的各个构成要素进行深入研究和掌握。

二、高校课程

高校课程管理主要体现在课程目标、课程内容和课程实施中，不同年级的课程要素也会在课程价值动态变化中不断创新发展。高校课程在具体的情境中也会体现出不同的课程管理方法。

（一）高校课程的培养目标

高校课程目标通常具有促进大学生的全面发展和推动专门人才的培养两种取向。促进学生本身发展或者为社会发展服务是课程目标两种最明显的区别。

以"学生"为主的课程目标，强调学生是课程的基本着眼点，关键是促进学生的自我实现。高校课程目标是培养学生，以满足学生发展的需要。强调学生全面发展，注重学生的兴趣、情感等内在需要。以学生为中心的课程，更加注重过程，即学生在课程中的内在的收获，而非外在的结果。

以"社会"为主的课程目标，旨在培养能够为社会服务的人才，强调课程教学要为"社会"的发展服务。以社会为中心的课程，更加注重培养专业性人才而非满足人本身的需要。其教育的目的是单一的、外在的、更加注重结果的。

高校课程目标基本围绕学生和社会这两个主体来讨论，现实的课程目标并不一定是非此即彼的，可能会有折中和融合，会依据不同的历史背景或者具体的情况而更偏向社会或者个人。

（二）高校课程设置

高校课程的设置主要分为通识课程与专业课程。高校中的课程设置体现了课程目标，我国高校课程设置所体现的倾向，主要表现在对通识课程与专业课程的权衡与选择上。

以学生为中心的课程，在课程设置中会更加关注通识教育课程的内容，即涉及人文、自然与社会知识的"共同内容"。通识教育课程旨在使学生形成宽广的知识基础和合理的能力结构，形成"具备远大眼光，通融识见、博雅精神和优美情感的人"。通识教育课程主要是指非专业性的、非功利性的基本知识。在通识课程中，侧重强调如文学、历史学、哲学、逻辑学等人文性课程。这些知识能够促进人的自由和全面发展，体现人的意义与价值。

以社会为中心的课程，则更加侧重专业教育课程。专业课程强调学生对学科知识的掌握，注重科学化的、理论化的、专业化的知识，重视课程的实用性，而工具性价值等能够产生实效的知识，如理科、工科专业课程。"社会主义课程取向下的课程，注重社会课程轻人文课程；重实用而轻理论，重对口而轻基础，尤其是重适应而轻超越的。问题不在于所重视的方面，而在于轻视的方面。"[①]

两种模式下的课程内容都各有其价值，无论是对社会发展还是人的发展都有重要的作用，但是专业教育课程目前仍占主导地位，因此而影响了人的全面发展。

（三）高校课程实施

这是一个复杂、动态的过程，是实现预期的课程理想，达到预期课程目标的基本途径。课程实施过程的倾向受课程目标和教师的教育理念等的影响。课程目标主要是学生和社会两种取向，课程实施受其影响通常体现为关注学生个性和共性两种取向。

关注学生个性的课程，突出个人本位。课程实施过程中强调学生兴趣和个性的发展，因此会结合学生的需要与兴趣安排课程。课程实施过程注重课程的生成以及学生对知识的自主探究与质疑。强调知识获得对学生成长的意义，更注重教学过程。所以课程内容不是固定不变的，教学的流程也并非循规蹈矩。

关注学生共性的课程，突出社会本位。课程实施过程以知识的传授为主，更加注重学生对知识的获得。教师通常将人视为社会环境和教育的产物，认为人是一个认识体，人的本性是社会性，因此课程实施更多强调统一和服从。注重培养社会需要的人才，以社会发展的需要来设计教育活动。课程通常是按照提前设计好的教学方案进行教学，以固定的模式和方法来传授知识、对待学生。课程强调知识的实用价值，更注重教学结果。

---

① 秀夫.谈谈社会主义教育课程[M].济南：山东人民出版社，1958.

第二节 现代高校课程管理的基本原则

一、人本性原则

"人本"顾名思义,就是以人为根本,以人为一切工作的中心和出发点,注重人的积极性、主动性、创造性以及潜能的发挥,实现人的发展、社会的进步。

在高校课程管理中,必须坚持人本性原则。在高校所有的课程管理中,教师资源是重中之重,是资源配置的实践主体,也是高校赖以生存与发展的关键。只有一流的专业教师,才能培养出高质量的学生,创造出优秀的教学科研成果,得到社会的尊重和认可,进而赢得更多的课程资源,缓解资源紧缺的现状,形成良性循环。高校在制定人才培养目标时,也必须坚持人本性原则,构建应用型的人才培养模式。学科建设、专业设置、课程开设等,也要从学生的多样化发展需求出发,及时更新教学内容、教学手段,不断丰富课程管理,培养多样化的专门人才,满足地方社会多层次的发展需要。

二、目的性原则

目的是行为的先导,规定着行为的方向和价值,并贯穿于行为的整个过程。目的性原则,是指导高校课程管理的总的原则,一切配置行为都是围绕着学校建设的总体目标进行的,从而为实现学校整体发展目标服务。

高校课程管理的目的性原则,集中表现为两层含义:

(1)要根据明确的目标指向来配置高校的各类课程资源。比如,作为高校在进行课程管理时,不仅要根据不同学生的不同需求和学习特点来设置课程,还要考虑地方社会政治、经济、文化建设的多元化需求。

(2)所有的目标必须有相应的课程资源来对应。这要求决策者对学校建设目标系统中的各个大小目标有清晰的认识,以此建立最优的资源配置方案,提高课程管理的科学性。

三、系统性原则

将高校课程管理看作是一个复杂的系统，该系统是由多个子系统构成的，作为这些子系统的课程要素包括教师、学生、教学环境、课程管理及课程评价等多个方面。坚持课程管理的系统性，有利于充分发挥各个子系统的整体功能，实现整个系统的总体目标。

高校课程管理在进行资源配置的过程中，要坚持系统性原则。首先，要对课程资源的各个构成要素建立充分的认识，了解它们的具体特性及其作用功能，只有这样，才能有的放矢地合理配置课程资源，保障每个课程要素都能发挥最大功效。其次，不同课程要素之间是互相联系、相互契合的，具有不同的组合方式。如何对这些不同的课程要素进行多样化组合，需要考虑不同学科、不同专业、不同课程的特点及发展要求，这样才能保障课程资源整体功能的发挥以及课程活动的有效实施。

四、协调性原则

协调就是要配合得当，和谐一致，尽量减少矛盾，将消耗降至最低。在当前高校课程资源相对紧缺的情况下，为了适应高等教育大众化的发展进程，高校在进行高校课程管理中必须坚持协调性原则，以最大限度地实现高校课程资源的公平配置、协调发展。

高校课程管理的协调性原则，包括两个方面：①外部协调，主要是指高校内部课程资源的配置必须与当地经济社会的发展要求相适应。高校办学定位、人才培养模式等的确定，要考虑当地的实际发展需求。在依托当地资源办学的同时，也要积极主动地为当地社会的发展提供服务。②内部协调，主要是指校内课程资源在不同院系、不同学科、不同专业间进行配置时，必须兼顾效率与公平。在坚持效率的同时，提倡合理竞争；在考虑公平的同时，也要关注投入与产出。

五、可持续性原则

"可持续性"就是要求资源的可持续利用，不能只顾眼前利益，而不顾长远利益。高校是非营利性的社会公益组织，不能只顾效益而不顾成本。

高校在进行课程管理时，必须坚持可持续性原则，既要满足高校当前的发展需求，又要考虑高校长远发展的需要，以保障课程资源的可持续利用。高校的各类课程资源，如教室、实验设备、教学仪器、图书资料、专业教师等，都处于持续使用、不断消耗的过程中，并不是取之不尽、用之不竭的。为了高校的长远发展，一方面要切实提高现有资源的利用率，通过加大对课程管理的监管力度，实现资源共享等方式，尽量减少不必要的资源浪费和重复建设。另一方面必须合理开发利用高校的各类课程资源，实现资源的补偿和再生，避免枯竭，从而保障高校的可持续性发展。

第三节 现代高校课程管理的理论和实际意义

一、现代高校课程管理的理论意义

（一）完善课程管理理论

课程管理不仅是一个研究领域的开拓，而且是课程理论研究逻辑的发展，是课程理论的自我完善。课程的研究以美国最为发达，影响也最广，它的研究重点集中于课程目标的确定、课程内容的组织、课程实施、课程评价等问题，他们认为，课程管理是学校管理的一部分，不予重视，因而，课程管理的研究就被忽略了。我国接受的是以美国为主的西方课程理论，课程管理研究被忽视亦是自然的。我国有学者较早就注意到了课程管理的问题，指出课程管理理论与课程设计理论、课程评价理论一样，是课程理论的一个重要组成部分。课程理论要想走向成熟，首先要解决课程理论中的课程开发、设计、评价等基本理论问题，随着课程理论改革的深入，课程管理问题就必然要提到议事日程上来，课程管理与整个课程领域的问题及其他问题都相关，重视课程管理的作用和研究也是课程理论自身发展的要求。

（二）高等教育管理研究的必要补充和突破

高等教育管理的研究与高校课程管理的研究在总的指向上是一致的，都是为了更好、更有效地实现培养所需的人才，更好地满足高校与社会的要求。高等教育管理学已成为一门独立的学科，其主要内容是高等教育体制、教育方针政策、高等教育领域、教育经费，及高校内部管理中的学校组织、人事管理、教学管理、后勤管理等，而高校课程管理涉及的问题具体得多，如课程标准的制定、课程实施过程的监控及管理机构的设立权限、职能的规定，它们都是具体的工作。高等教育管理学涉及的是整个高校管理领域的问题，它能提供的是适于各种问题的原理的内容，以及对高校管理的分析框架。它的一般理论特性使其不能对向课程这样的特定领域做出直接的运用，而且由于高等教育管理学研究范围的限定，使其不能对课程管理的问题做出详细的讨论。所以，正像教育理论不能替代对高校课程管理的研究一样，开辟高校课程管理研究领域就非常切合于理论与实际。

二、现代高校课程管理的实际意义

（一）促进高校管理观念的转变与确立

高校的管理运行机制长期习惯于自上而下的行政控制与管理，学校的设置与发展规模，学生的培养要求等都是由国家计划限定的，这种无竞争又无淘汰的运行状态极大地限制了高校自我发展的能力。如今，"对包括课程编制在内的人才培养的全过程进行管理，已经和正在成为一种新的大学管理理念"，高校课程管理领域的出现反映了我国高等教育管理领域在思想观念上的变化。高校课程管理理论的建立，要以课程评价、课程设计等理论为基础，以人员管理、机构调整等观念的转变为前提。高校课程管理领域的开拓，会推进高校管理观念的转变，从而促进新领域的确立。

（二）促进课程行政的顺利转轨

自20世纪50年代以来，全国高校一直由中央统一管理，形成了高度集中的大一统模式。此种情况如果在新中国成立初期的特定情形之下是适应的，但是经过长时间的课程变革和社会大环境的变革，课程领域出现了许多新的情况：课程要求增加弹性和灵活性、学校课程决定权、及时按人才培养调整课程内容等，这些也是学校课程管理要研究的。课程管理研究内容的变化，会使课程管理体制做出相应的变革。课程行政转型之后，也可以使学校课程管理更加灵活有效，有利于调动中央、地方和高校三方面的积极性；有利于中央、学校课程管理各司其职，明确权限，提高课程管理水平。

（三）促进高校课程改革发展

课程改革是整个教育改革的突破口，课程改革是教育改革成败的关键。课程改革是一个系统的过程，其组织、实施、评价和推广等需要课程管理的介入。假如这些工作不能实现，那么课程改革就不能取得良好成效。我国的课程管理水平已经落后于课程改革的需要，课程改革的深化正期待着课程管理水平的提高。

第四节　现代高校课程管理创新发展的策略

一、优化课程教材管理

（一）严把教材选用质量关

教材作为知识载体是培养人才、传授知识的重要工具。它具有稳定教学秩序、保证教学质量、创新教学内容、引领教学方向的作用。近年来，我国高等学院连年扩大招生规模，社会对人才的要求也越来越严格，这也意味着对高校培养人才提出了更高的要求。要保证人才培养质量，就必须认识到教材在教育活动中的重要性，严格把控教材选用的质量标准。

尽管各层次的高校对教材选用的要求千差万别，但都贯彻着统一的原则——以择优性为主要标杆，同时兼顾试教性、科学性、系统性、平衡性。基于以上原则，提出以下措施，具体如下：

1. 选用高水准优质教材

加强教材选用管理，消除教材选择的随机性，并确保教材选用的科学性和适教性。首先是要落实教材选用程序，继续加强教材选用程序的规范程度。教师列出备选教材清单后，需要由教研室、学院、教材主管部门逐级进行讨论审查，相关领导确认审批。在审批过程中，各级主管必须严格遵守原则，以确保所选教材的质量。严格遵照教育部"凡选必审，质量第一，适宜教学，公平公正"的教材选用原则。

其次，保证高水平的教学质量，就要选用高水准的优质教材。教师在选择教材时，要优先选择教育部规划教材、国家级重点教材、省部级优秀教材及各类获得国内外教材评选奖励的优质教材，保证学校能够达到较高比例的优秀教材选用率。在选用高水准教材的同时，教师也应注意要缩短教材使用的周期，加快教材的更新换代，保证近三年出版的新教材使用占据较高的比例。此外，鼓励引进国外先进的、能反映学科最新发展动态的外文教材。

2. 建立反馈机制淘汰劣质教材

及时对选用的教材质量进行跟踪调查，这是一种非常有效的质量保证措施，无论是专业课程、必修课程还是选修课程或实验课程，都应该根据课程设置和实际教学情况选择教材。因此，在每学期结束时，都应邀请师生有效地评估本学期使用的教材，不符合评价指标或师生使用感不好的教材，在下次订购教材时不得选用，并将情况以书面形式报校内本科教学部，先由学院自评，本科教学部再对各学院自评情况进行抽查，全面掌握教材质量情况，以此对学院对下学期的选用教材进行改进和优化，保证教材选用质量。

3. 提高教材管理队伍的素质水平和业务能力

提高教材选用质量也离不开教材管理队伍的支持。教材管理人员在选用教材质量方面起到关键的作用，同时也提高了其素质水平和业务能力，在全面了解各专业的培养目标、教学计划后，能够胸中有数，提出教材建设的合理意见。总之，把好教材选用质量关是教学管理工作的重要一环，在保证教学质量中具有关键性作用。

（二）强化新形态教材的建设

毫无疑问，新形态教材比传统的纸质教材具有更多的优势，学生可以更方便地阅读，平台可以为学生提供更多的售后服务。在信息技术的支持下，数字资源可以得到更迅速的更新，且随时可以扩展，易于学生学习。但新形态教材目前尚处于建设初期，因此在某些方面有待完善。

1. 构筑数字化教育生态环境

新形态教材尚处于起步阶段。目前，高校新形态教材的应用和推广情况并不理想，首要任务是要加强数字化环境的建设，数字化环境可分为软环境和硬环境。数字化软环境就是指数字素养的培养，目前，大学师生还没有形成清晰的数字素养观念，对这种新形态的教材整体认知水平较低。因此，要引导他们以全新的思想观念重新认识数字教育，从思想上做出改变，新形态教材才能得以健康发展。

硬环境是指数字化教学环境的建设，其中包括稳定可靠的网络信息平台、数字教学设施、教学资源系统和强大的技术支持系统。如果高校可以将数字教材整合到数字化环境的学习中，同时将数字教材与其他数字学习平台深度融合，那么就大大增加了新形态教材应用的概率。

目前，学生阅读和学习数字资源时，通常是通过网页浏览器完成，效率低下，削弱了学生学习的效率，也使数字教材的学习效果大打折扣。因此，在开发新形态教材时，开发商要努力开发出可以支持多类型智能终端的应用程序，提高学生学习的效率。若通过应用程序进行教学，新形态教材将成为教材的主要形式，占据有利地位。这样一来，学生可以一边读书一边做笔记，大大提高了学习效率。同时，与浏览器相比，智能终端应用程序更封闭，能够有效保护知识产权。

此外，开发者可以通过技术手段将与学习无关的程序锁定，使学生能够集中精力阅读，从而提高学习效率和质量。因此，在新形态教材的建设和应用中，智能终端应用程序是不可省略的辅助工具。但是，在开发应用程序确保其有效性时，还必须要考虑集成平台下各种手持智能终端的差异，增强应用程序的兼容性，保证每个终端的体验感良好。

2. 创建支持新形态课程教材的教学模式

目前，翻转课堂（Flipped Classroom 或 Inverted Classroom）、慕课（MOOC，Massive Open Online Course）和微课等新模式受到高校教师的广泛关注。不同的教学方法具有不同的特点，使用新形态教材的形式也不同。在提供新形态教材的同时，要尊重不同专业学生的学习模式和学习需求。以翻转课堂为例，学生在课下自主学习，课堂中的任务是通过探究性学习、巩固、总结、反思，消化知识，并利用测试来检验学习成果。因此，高校有必要提供相关的教与学环境，支持学生课后的自助式学习模式，新形态教材正为这种教学模式提供了学习的平台与条件。另外，教师必须转变观念，才可以带动新形态教材下课程教学的改变，未经教师认可的新形态教材是缺乏生命力的。教师应仔细研究如何将数字教材真正地应用到课堂中，如何最大限度地利用数字教材。

2011年10月，教育部启动国家精品开放课程建设，为广大师生开放精品视频公开课、精品资源共享课。第十二个五年计划期间，教育部计划建成1000门在线精品公开课程，建设5000门国家级精品在线资源共享课程。截至2018年，教育部在线开放国家精品课程达801门，其中本科教育课程690门。在国家的大力支持与开发下，我国数字化资源源源不断地涌入师生的视线，学生们可以从互联网上直接获取数字化学习资源，方便又快捷。在开发新形态教材时，教师可应用上述优秀课程和数字材料，以形成在线教育和课堂教学材料的有机结合，开创新的教学模式。

3. 构建新形态教材立体化发展模式

当前，我国新形态教材的发展模式有三种：以终端硬件供应商为主、以网络运营商为基础、以内容为主的供应商开发。不同学科的地位和利益分配因开发方式的不同而大相径庭，三方都希望在开发过程中占据绝对优势。但事实证明，任何一方都很难单独占据垄断地位。从未来发展趋势看，数字教材的优势集中展现在教材的更新速度、与应用程序的结合、帮助学生集中注意力提高学习效率等方面。因此，加强三方合作，建立三对一合作的三维发展模式，才能提高新形态教材的发展速度，为广大师生提供更好的课程教材内容和课堂服务。

（三）鼓励教师编写教材讲义

对于地方综合性大学，师资力量在国内大学中并非顶尖，但综合实力在省内大学中名列前茅，应当承担起教材编写的艰巨任务。"发挥内在优势，积极组织编写教材，支持优秀教材走出去，提高我国学术的国际影响力。"[①]对于具有校级、省级等特色的专业，学校应积极规划并制订课程计划，增强对校内教材、讲义等教学材料编写的质量监察，自我开展自编材料的评优评奖工作，并推荐获奖材料出版。高校自编教材必须严格遵循出版的要求进行编写，提前汇编大纲，以保证完成的质量。

当前高校要高度重视新高考改革所显露出的一系列问题，解决这些问题最直接有效的办法就是重新审视教材的顶层设计。招生考试改革的实质是为了改变人才培养模式，这不仅要看顶层设计，也要看在执行过程中的落实情况。新高考改革能否真正实现对素质教育的导向作用，不仅是对中学的考验，高等院校更应做好后续的接力工作，顺应新高考带来的生源结构变化，补齐学生的短板，协调课程教材与学生高中基础课程及后续专业课程内容的内在逻辑性，以确保学生专业知识的完整性和系统性。

正视新高考改革中高校招生录取制度面临的困境，对于高考选考产生的教材选择难问题，高校应做两手准备。①高校针对专业基础要求较高的课程，从源头上对专业课程设置重新规划，将高中所缺乏的课程以必修课的方式进行补充，教师有必要针对这一问题自行编写符合本校专业特色、学科设置、生源结构差异的教材，在大一为学生们打好基础。针对"新高考"改革带来的学科规划建设进行宏观层次的指导，促进开发和改进各个专业课、公共基础课及所使用的课程材料的设计。当然，重新规划、编写教材是一个十分漫长的过程，教师不仅要保证教材编写的速度，更

---

① 范印哲. 教材设计与编写[M]. 北京：高等教育出版社，1998.

要严格遵循教材编写出版的规定与程序,保证教材质量,鼓励教师多出教材,出好教材。②积极为与专业培养计划基础有差距的学生开设基础预科课程,以应对暂时性的教材缺失。特别是在选考中与开设专业选考规定科目交叉较小的学生,高校应本着为学生负责的态度,积极动员学生报名参加。学校在开学前就应对学生做好统计工作,对有意愿报名参加预科课程的学生,依据学生的意愿自愿报名进行预科教材的征订,以保证在开学后有备无患。这项工作,教材管理人员不仅要做好,还要做细。依据专业教学计划,充分考虑学生自身发展与专业需要带来的影响,统筹教材管理。认真核对招生计划和选课计划,以及教材的版本和数量等,引导学生适应新高考改革带来的学习能力的差异,确保顺利完成新高考改革为高校带来的生源结构和育人生态的变化。

高校编写一本优秀的教材,不仅可以解决教学的紧迫需求,而且可以更好地体现地方特色,提高教学质量。一般来说,统一编写的教材质量固然不错,但正因为它是统一编写的,其内容往往更侧重于普遍的、共性的问题,无法解决各个地方的个性化问题,而各高校教师自编教材则使这个问题迎刃而解。同时,鼓励教师自编教材也是锻炼培养教师的有效途径,有助于提高教师,尤其是青年教师学术水平和理论知识,帮助他们更深刻地理解掌握学科的内部关系与逻辑,促进教学内容及方法的改革,提升教学质量。

(四)优化教材评价激励机制

学生对教材评价最有话语权。教材的内容、编辑、图形和文本质量以及学习收获都可以反映在学生评价中。教材的质量常常需要从全面的角度进行判断,对教材质量的要求也随着时间而变化。因此,如何提高教材选择的科学性,对教材有一个客观全面的认识,教材的评价是一个关键参考。

教材质量评价机制不是某些指标的累积和随机组合,而是根据适当原则建立起的可以反映教材质量的一组指标。首先是教师进行自查。教师要对选用的教材从教材的适应性进行审查,这里的适应性不仅包括与教学大纲、教学目标的适应程度,也包括教材与学生的适教性,教材是否有利于学生自学,结构框架是否安排妥当等。其次是专家评审。专家评审应具有一定的思想高度,主要考察教材内容的学术性、结构的系统性、思想的逻辑性、风格的创新性、表达的规范性、图文印刷的标准性等要求。再次是教材在选用完成后学院的考核。在教师和专家进行评审后,学院也要制定合理的考核指标,这将直接影响到学院甚至学校的教材管理情况。学院考核的标准应当包括优秀教材选用率、规划教材使用率、近三年出版教材选用率、国外原版教材使用率等,并将这些指标纳入教学管理考核的指标中,全程监督教材质量。最后是学生评审的指标。学生评价是从其亲身使用感受角度出发,包括教材中使用的文字规范程度,教师授课内容与教材的相关程度,内容的深度与高度是否适合自身的认知规律。

教材激励机制是要消除教材管理中教师的不满情绪,完善制度建设,加大经济激励力度,创造良好的工作环境,从而提高教材管理工作的水平。

(五) 有效提升教材管理工作效率

随着我国高等教育改革的逐渐深化,高校教材管理工作的重要作用不断凸显,直接影响着高校教学活动的顺利开展,而作为教材管理工作的实施者,高校教材管理人员的素质和能力显得尤为重要,这就要求他们不仅要拥有过硬的业务能力,还要具备强烈的职业精神、高度的职业操守,不仅能够准确把握高校教育教学活动的目标,更能从各个专业实际需求出发,对教材进行科学的管理。

要不断加强对教材管理工作的重视和支持,不断加强职业精神的培养和锻炼。不断加大人财物方面的硬件支持,合理配置教育教学资源,注意加强对高校教材管理人员的选拔和使用,加强管理人员队伍建设。要不断创造载体和渠道,加强对现有人员的培训力度,通过召开培训班、专家讲座等方式,或者通过微视频、慕课等网络教学方式,不断提升教材管理人员的综合素质和业务能力。

要完善高校教材管理信息化系统的建设。以计算机网络技术为基础,以实现信息传输的效率、速度和便利性。首先,应建立信息化管理系统,基于校园网实现高校教材管理的信息化。其次，通过信息管理系统，实现教材的选择、订购、发放、使用全过程中学校、教师、学生、供应商等多方实时对接，学校教材管理人员可以实时向供应商提出有关学校教学需求的反馈，可以帮助教材管理人员根据实际情况选择合适的教学材料。既节省了大量的人力资源，同时还可以有效地节省管理时间。

重点培养技术过硬的管理人员，使之带动其他管理人员，提升整体管理人员的信息化管理能力，通过必要的培训、知识补充、现场技术指导等，以各种方式为现有教材管理人员提供信息管理培训。此外，要积极引进和吸收具有优秀专业素养和信息管理能力的教材管理人才。不断加强高校信息化教材管理队伍建设，提升教材的信息化管理水平。

二、实施人文引领的高校课程价值管理

（一）突出以学生为主的高校课程目标

教育的首要问题就是人，优化高校课程管理要强调学校应该培养"全面的人"。将育人与育才相结合是教育的关键。教育应该培养德才兼备、全面发展的人。

1. 课程应以培养自我实现的"整全人"为目标

大学的教育应培养整全的人，培养整全人的目标应在每一个专业与每一门课程中都得到落实与体现。传统的课程教育目标中，侧重学生专业知识与专业技能的掌握，注重培养人才，但是对于人本身发展的目标表述较为泛化或者忽视。这样会导致培养出的人是不完整的，发展是片面化的。比如职业能力、专业素养强但人文素养弱，缺乏理想与信仰的空心化的人，或者是缺乏职业能力与修养，只会空谈人文的边缘化的人。这是当下人文课程面临的困境，也是提出人文引领课程的必要性。

所以高校课程目标要强调培养整全的人，课程改革要围绕"整全的人"的目标，课程中既要求职业技能也应具有职业操守，既要有知识的传授也要有理想信念的引导。通过对课程的学习，学生不仅掌握了知识，还拥有能够自我实现的能力；不仅能够知道自己是谁，而且还能够听到内心的声音，找寻人生的真正意义。

课程目标的制定应该时刻以"整全人"作为目标准则,改变过去目标制定存在空泛化和形式化的问题,始终将"人是目的"作为终极目标,防止人在教育中被工具化和物化。在目标中要明确提出尊重学生的个性、培养学生健全的人格、尊重学生身心发展的规律、提高思维认知的水平等要求,使学生知识、能力、情感在现实生活中得到充分的展现,从而获得人生的意义感。

教育在人的发展中承担着更高的责任与使命,教育的核心作用或者初衷是"人",每个人都可以通过教育实现自身的发展与价值。发展人的理性与非理性,引领人们追求真、善、美。这就要求高校的课程不仅应该帮助学生掌握生活的基本技能与知识,发挥知识的工具价值,为学生生存发展提供动力,更加重要的是还应该挖掘知识背后的人文价值,使学生不仅学会生存,还学会与他人相处,增强学生的价值理性,能察觉到生命的真正意义所在,这正是课程应具有的终极关怀。

2. 专业课程目标应具有明确的人文理念

整体上高校应该以人为目的,关注人,尤其在专业课程中也要有更加明确的人文理念。专业课程的目标主要包括人文专业课程目标和非人文专业课程目标,非人文专业课程的目标的人文性是最容易被忽视的,因此尤其需要被重视。

(1)非人文专业课程的目标应体现"人"

当前高校专业课程目标的制定唯知识化与唯社会化的取向明显,人们往往忽视专业课程隐含的人文性的因素。例如,科学课程不仅可以教人求真,掌握科学知识与技能,同时科学课程还具有人文性因素,如科学精神,科学家的品质,科学本身具有的美等,都可以丰富学生精神世界。只要教师在课程中注意引导,就可以潜移默化地影响学生,由此学生不仅掌握了某一门科学知识,而是形成了更为全面的科学素养。对于专业课程尤其是理科、工科类的课程的目标中要强调课程的人文性,在课程中让学生获得人文素养。在课程中体现人文性,培养学生的人文素养对学生全面地成长有着重要意义。

(2)人文专业的课程目标更加人文化

现在许多人文专业课程的目标职业化和专业化明显,人文专业课程所具有的人文性不足。人文专业的课程目标应该是更具人文性的,人文专业的课程也应是让人更加自由的。因此人文专业课程目标也要更加凸显人文性,更具人文化,发挥人文专业本身的优势,不能只顾专业知识而忽视人。

"人文素养"的培养对正处于世界观、人生观、价值观形成阶段的学生来说是十分重要的,因此,在目标的设定中应该将有关学生人文素养的培养的目标细化,更加具体、可实施、更具科学性,防止课程目标的浅化和分裂化。在当前大学课程培养目标中,有关学生人文素质培养的表述较为空泛,甚至存在"目中无人"的现象,大多以喊口号的形式在目标中体现,基本很难实行与落地。

美国麻省理工学院(MIT,Massachusetts Institute of Technology)确定的人文课程的培养目标中重点强调了学生能够将知识建立起现在与未来的连接:更加深入地了解与人类相关的理论、思想体系;认识不同文化、社会制度体系下的政治、经济和文化背景。[①]对比我们许多高校专业人才培养方案中相对简单的"促进学生德智体美全面发展、人文素养的提高"的目标的表述,MIT的培养方案显然要更加具体可行,对当前的课程目标的制定有启发意义。课程目标会影响课程内容的制定以及课程实施等,所以要注重课程目标的人文引领性,将学生的人文性培养目标具体化,使学生在课程中能感受更多的人文关怀。

(二)凸显人文理念的高校课程内容

人文引领的课程价值取向致力于实现整全人的培养,在课程内容上也要满足和唤醒学生的人文需要,培养学生对自己所学专业的人文情怀,使其具有足够的人文理想与信念。同时挖掘每一门课程背后的课程文化,几乎一切的课程都根源于文化,"现代课程的设计是将文化中最富有生命力的部分,如价值理念、原理、概念、工具性的知识和技能、态度,以尊重学生的生活为维度,按简约性、迅捷性的原则组

---

① 谭伟平.大学人文教育与人文课程[M].长沙:湖南人民出版社,2005.

织起来的过程。"① 因此，我们应该重视每一门课程所具有的深厚的文化特质。

1. 优化通识课程中的人文课程设置

随着通识教育、素质教育在我国不断地被重视，体现在高校中表现为通识课程的比例逐渐增多，但是从整体来看，专业课程仍占据主要地位。通识课程中的通识不是通通都识，而是识通用之识，是给人更大的自由，能拓宽人的知识面的课程，人文课程是通识课程中的核心。

在当前高校中通识课程的比例最多为30%，最少为10%，而在通识课程中，人文课程所占比例极小，除去传统的两课、大学语文这些必修的人文性课程之外，人文课程则更少。大学生对人文知识的获得主要来源于对通识课程的学习，而当前通识课程中有关人文性的课程设置较少，学生所能接受的人文知识有限，对学生成长是不利的。因此，高校应优化调整通识课程的设置，增加选修课程，并适当增加人文课程在通识课程中的比例。

高校要改变通识课程中人文课程因人设课的现状。首先，对于学校的通识课程的设置要有专门的标准和规定，配备可以胜任人文课程开设的教师，而不是过于随意化，以保证人文课程开设的质量。其次，要增加选修课中人文课程可选择的数量，人文课程不能仅仅是对专业课程的补充。也不应仅局限于传统的文史哲的课程，要完善选修课程中人文课程的体系，使课程内容设置更加合理，符合学生身心发展的规律。选修课程不应该仅仅是专业课程的补充，在选修课程中应该给人文课程留下更多的空间。

2. 提升专业课程的人文性

人文引领的课程，应该彰显专业课程的人文关怀。高校的课程丰富多样，当前高校课程主要分为人文、社会、科学三大类，每一门课程所具有的价值都不相同，但是对人的发展都具有重要的作用，也都可以体现出课程的人文性。人文课程具有人文精神，能够提升学生的人文素养，帮助学生更好地认识"我"；社会课程能够

---

① 高焕祥. 人文教育：理念与实践[M]. 北京：社会科学文献出版社，2006.

增进人与社会之间的联系，使学生增加与社会的共情，能够从社会角度对"我"有更加全面的认识；科学课程具有科学性、客观性，能够使学生客观地认识世界，科学课程背后的科学精神能促进学生在严谨的科学事实中，不至于放荡不羁，甚至违背客观规律，造成对人类和社会的破坏。因此在具体的课程设置上，应该促进三类课程的交叉与融合，使课程之间建立联系。将课程落脚在对人的关怀上，在专业性课程内容中挖掘人文性的元素，并将这些人文性元素整合成教学内容放到课程中，让专业课程更好地释放本身所具有的人文性。

我们应该赋予专业课程更多的人文性。首先，在大学的非人文专业的课程中，努力挖掘在专业知识背后的精神与文化内涵。使学生在掌握专业知识与技能的同时，能够有崇高的专业理想与专业的人文情怀。其次，在人文专业的课程中，应该摒弃传统过分注重技巧、知识的传授的现象，发挥人文课程对于学生人文精神涵养的作用。课程设计也要依据人的本性（如人的潜能、发展、需要、变化等）来理解课程。当然也需要通过社会来思考课程，但追本溯源，社会是由每一个单独的人构成，通过社会理解课程的必要性仍源于人或基于人。透过自然来思考课程亦然，人被自然孕育自然必然恩惠于人，通过自然来理解课程的必要性既源于自然也源于人。

专业课程中包括人文专业的课程，如文史哲等课程，也包括非人文专业的课程，主要是理工科课程，如物理、化学、生物等课程。仅仅依靠通识课程对学生进行人文性的熏陶是不够的，在通识课程中体现人文，而在专业课程中"目中无人"的分裂式的教育不利于学生的全面发展。在耶鲁大学开学典礼上校长都会郑重地复述他的传统命题："你们就是大学"，耶鲁大学校长是从"人"来认识和理解大学的，我们要坚信人文引领的重要性与必然性。

（三）体现人文性的高校课程实施

课程实施是将课程目标付诸实践的过程，也是对课程内容进行选择的过程，最能检验课程是否具有人文性，是否真正落实全面发展的重要环节。现代课程对人类具有的普遍关怀应该有深刻的思考，而这种人文关怀关键就是落实到课程实施上，高校课程中呈现怎样的价值取向，可以通过课程实施环节做出判断。

高校课程目标与课程设置的具体设计通常是十分理想化的状态，是对学生能够获得多少知识、形成某种能力、品格、素养的一种预期。但能否在课程中实现这些预期的目标，还需要依靠具体的课程实施。要实现人文引领的课程既要重课也要重程，课程实施是一个具体的过程，是一个可以不断创设与生成的过程，课程实施中所体现的取向对学生有着指导性的意义。

1. 课程实施应基于人的特性

教育的逻辑起点是人，教育与人的关系十分密切。人与教育的关系可以描述为："教育与人或者人与教育的关系最密切，教育的历史最悠久，教育是人类最必需。"[①] 教育学是关于人的学问，因此课程、教学中都应该见到鲜活的人，人存在于课程中，课程也存在于人中。在教学过程中，应该遵循人的特性，只有了解人身上存在的客观规律才能更好地实现人的发展。张楚廷教授认为人具有五大特性："人有自生性，自己生长；人有自增性，自己增长；人有自语性，自己为自己创造语言；人有反身性；人有自美性。"[②] 这五大特性来源于恩格斯所讲的，坚持从世界本身来说明世界，从教育本身来看教育，从人本身来看人。因此充满人学意蕴和哲思。

第一，课程在实施过程中应关注学生的"自生"特性。人是能动的存在，人有潜在的才能与智慧，是可生长的，具有潜在可发展性。教师在教学过程中不能将学生理解为只会被动接受信息的工具，而是要尊重且推动人自然地生长。

第二，应关注学生的自增特性。课程应该发展人的可发展性，因为"人是有意识的存在物"，因此从学生本身出发，考虑学生需要并顺应人的发展是教育发展的推动力。

第三，应关注学生的反思特性。真正的教育源于人，是由人自身派生出来的，并通过自我对象化和对象自我化的方式来发展和获得新的生命。人不仅仅是有意识的存在物，更重要的还具有自我意识或者"我我"意识，所以教育活动过程应突出

---

① 孙波. 活跃学校课程实施[M]. 上海：华东师范大学出版社，2022.
② 张楚廷. 高等教育研究精粹[M]. 长沙：湖南师范大学出版社，2020.

主客体融合的意义。教育所要展现的基本过程就是学生的反思过程，教育的作用是使学生从最初的我变成更好的我，通过积极的"我我"关系活动获得新的生命。课程实施过程要改变过分侧重学生知识的获得、师生在课堂的互动中以知识交流为中心的现状，要引导学生积极反思，将主体的"我"与客体的知识、社会等联系起来。从对客体的认识中来更好地认识自己，正确认识"我我"的关系，从而变成更好的我。

第四，应关注学生的自美特性。人"按照美的规律来构造"，会在寻找美、追求美的过程中寻找不足，不断构建自己；美的要素是人发展中基本的需要。"人是美的存在，人是为美而存在的"，所以教育的真谛是不断地揭示客观实在中必然存在的美，让美进入学生的心灵，满足人天生所具有的精神上的、美的需要。现在课程中更多强调客观事实，缺少美，也缺少对美的引导，课程实施最不可忽视但又最易忽视的就是学生对美的需求，这是最基本的需要。

第五，关注学生所处的环境。环境对于人的发展进程，尤其对课程实施的过程十分重要，因为人在所处的环境中有主动适应性，所以课程创设的环境和氛围越好，学生能够利用所处的环境把握自我的能力和品质会更好。因此教育要给学生营造良好的学习环境，好的学习环境也是一种好的隐性课程。

人的五大特性对应人的五大公理，即存在公理、能动公理、反身公理、美学公理、中介公理。这五种特性以及对应的五大公理都有着深厚的人文性，回到了人本身，体现了对课程的哲学思考。课程实施只有贴合人的特性才能够真正地体现课程的人文性，只有真正顾及人的需要才能真正实现课程的价值。

2. 课程实施要促进学生智慧的生成

课程最终的目标是使学生变得智慧，不断地自我生成，从而获得新的生命。课堂教学过程是课程实施的重要部分，教学过程中要注重师生之间关系的和谐和相互依赖，把学习者的兴趣、意志、经验、情感放在重要位置。改变传统课程实施过程中重智轻人，知识占主导而不见人的现象，要丰富课程的人文性。课程实施的过程是十分灵动、充满智慧与思想交融的过程。在课程实施的过程中，教师需要处理教材、学生、环境、师生等多方面不断生成的信息,但这些信息都应以学生为中心。我们应该跳出传统课程实施局限于教学计划的实现、按部就班的教学思维模式,让课程变得更加灵活,能够不断地生成。

第一,课程不仅要呈现知识,教师也要提供比知识更为广泛的信息。信息在理论上是有限的,但是在感觉上是无限的。个人的情感、信念、态度和期待都可以作为信息在课程中传递,既可以是明示的,也可以是隐喻的。让学生获得宽广的信息比单纯的课程知识有更加重要的作用,这样的课程中收获的不仅仅是知识,更是超越知识的智慧,是体现人的课程。

第二,课程教学中应关注学生直觉能力的培养,直觉与逻辑应共生共进。"直觉是人文的强项,因此人文课程应该在整个课程体系中都发挥作用。"直觉是一种独特的智慧,直觉常常与逻辑相对,都是属于思维的行列,直觉属于创造性思维,往往具有"整体性、迅捷性、易逝性与创造性"。直觉与逻辑不是相互冲突,而是互补的,"逻辑代表左脑的理性分析,直觉代表右脑的感性交流"。教学要注重发展学生的逻辑思维,但是不能顾此失彼而忽视对直觉能力的培养。教师应为学生直觉思维的培养创造环境,鼓励学生勤思、举一反三和触类旁通,鼓励学生自由地想象与自由地表达。

第三,课程教学中应注重学生质疑能力的培养,质疑重于聆听。教学应该始终伴随着质疑,质疑在教与学的过程中具有重要作用。歌德说:"人们只是在知识很少的时候才有准确的知识,怀疑会随着知识一道增长。"[①]所以教师应该摒弃传统课程中的过分注重聆听和灌输的教学方式,而要引导学生主动地质疑,表达出疑问,然后发现、提出问题、进行自我探索,并尝试去解决问题。质疑与知识相伴,学问在学"问"中获得,"学问"即学着发现问题。我们不能轻易否定学生的"质疑",质疑是学习不可缺少的一部分,课程与教学的真谛是使学生学会质疑。

"信息、兴趣、质疑、直觉、智慧"是张楚廷提出的教学理论思想的五个关键词,

---

① 孙正聿. 哲学通论[M]. 沈阳:辽宁人民出版社,1998.

这五个方面看似是相互分离，实则联系是十分紧密的。信息、兴趣、质疑、直觉、智慧每一个词都代表了课程教学过程对人应有的重视，在课程实施过程中应是十分重要的，也是时常被忽视的。课程实施可以是从学生的兴趣或质疑出发，或者从课程某一个信息点出发。学生的兴趣与质疑本身即一种信息，在质疑与兴趣生发的过程中直觉则伴随课程实施的始终，能够十分及时地感受课程的信息并连接客观事物，从不断感受的过程中便生成了智慧。课程实施过程要注重在课程中提供广泛的信息，尊重学生的兴趣，鼓励学生质疑，重视学生的直觉，帮助学生变得更加智慧。

3. 注重隐性课程的人文熏陶

隐性课程包含丰富的人文性，隐性课程是大学课程建设的重要环节。在高校中，人文引领的课程强调既要关注显性课程中的人文性建设，还应该重视隐性课程所独具的人文性，隐性课程是十分重要的人文课程。学校应建设好校园文化，发挥隐性课程的重要作用，并积极利用隐性文化的特质，对学生进行文化的熏陶。隐性课程是人文课程中非常重要的组成部分，是一种体验和感受，具有文化熏陶、浸染的作用，能够很好地与人文性相交融。

课程实施要积极发挥隐性课程的作用，但隐性课程往往因不像专业课程那样体系完整、能及时地见成效而被忽视。比如，图书馆的藏书量、学校历史上所诞生的优秀的人才、学校建筑、科研设备、教师的言行等都是隐性课程的重要内容，都渗透着浓厚的人文性，无形中陶冶学生的人文情操。课程实施过程可以利用学校这些隐形的资源，让课程更加生动，浸透更多的人文性，为学生健全人格的培养起促进作用。"关注隐藏课程，赋予其以更丰富的文化内涵，成为提升现代课程人文向度的重要方面。"[①] 隐性课程犹如大学的门面，尤其隐性文化可以彰显大学生丰富的内涵，是不可或缺的人文性课程，并非可有可无的。许多有着悠久的历史和独具文化特色的学校，是历经时代的洗礼、有着深厚历史文化根基并形成了独具特色的隐性人文精神的学校。这些有时代感的学校可能从日常课程与教学中很难看出与其他

---

① 李孟辉. 高校课程研究[M]. 上海：上海交通大学出版社，2012.

学校的差别，但是从其隐性课程与文化中看却存在着明显的差别，"一些学校的珍贵之处就在它高质量的隐性课程"①。所以一所学校对于人文课程是否重视，可以通过观察这所学校的环境中是否透露浓厚的人文气息。比如，哈佛大学不仅仅是扑面而来的哈佛红建筑令人赏心悦目，更多的是学校建筑里满载的知识和真理，学校历代都有十分优秀的人才涌出，有着瞩目的成就，令人十分震撼，心驰神往。这种浓厚的文化气息和带给人的震撼就是隐性课程，身处其中的学生思想和行为会在无形中被这些文化影响，因此积极的文化熏陶会带给学生积极的影响。有些学校模仿哈佛的建筑特色而建设校园，努力彰显出浓郁的哈佛气息，其实就是为了能够营造一种良好的人文环境，让学生从中接受人文性的熏陶，从而激励学生更加奋发向上。

三、创新高校专业课程管理

（一）综合定位课程目标

1. 依据职业岗位需求定位

一般来说，课程体系总目标是从宏观层面确定专业人才培养的方向，同时也为专业核心课程目标的确定提供依据。例如，旅游高等教育作为培养专门旅游人才的重要途径，其课程建设中的总目标自然是培养具备胜任旅游专业工作岗位所需的职业能力的优秀复合型人才，同时兼顾不同的岗位对人才的职业能力需求各有不同的现实状况。针对本科旅游管理专业人才输出对应的主要是旅行社、旅游规划公司、文旅集团、旅游酒店等的核心岗位，旅游院校应针对旅游企业、旅游酒店、旅游科研院所以及其他旅游集团分别设置课程目标，并考虑不同的专业核心课程，根据不同的目标培养学生不同的核心岗位能力。只有保证旅游管理专业的课程目标与岗位需求相一致，才能针对行业的职业岗位需求精准地输出人才，增强学生的就业竞争力。

---

① 张楚廷. 教学论纲[M]. 北京：高等教育出版社，1999.

2.依据学生发展需求进行定位

由于课程建设的受众是学生,故在设置课程目标时在一定程度上应该考虑受教育者个人的发展需求。与此相矛盾的是课程目标多根据政府规范性文件或行业发展需求制定,更多强调统一性和协调性,却较少考虑学生个人发展需求。"00后"大学生的个性鲜明,学生的学习目标和学习需求各有不同。因此,课程目标的设置应该考虑到学生本身的个性化发展需求,为学生的多元化和全面化发展提供条件。具体来说:①可以结合学生的职业规划、就业意向或发展方向将学生群体进行分类,并分别设置不同的课程目标。②实施自主选课制度,由学生根据自身特点和条件选择课程,进而增强个性化的课程目标的实现效果。

3.依据学科、学校和地域特色定位

虽然课程目标是学生经过一个阶段的系统学习后所要实现的具体目标,但学生对目前的课程目标并不十分满意。现有目标定位模糊、缺乏学科和地域特色,各个高校的课程目标整体上来看大同小异,导致学生培养和学校发展的同质化现象严重,人才培养和办学竞争力低下。因此,高等院校应该结合自身特点,充分发挥各自办学优势,以实现高校课程目标的特色化,不同院校可以结合自身办学特点和学科背景,将相关学科的优势资源引入课程教学,如北京第二外国语学院的语言类学科背景、东北财经大学的财经类学科背景等都可以应用于专业人才培养中。另外,不同地域的院校可以结合所在区域的文化特色和区位条件,制定特色化的课程目标,如沈阳师范大学地处沈阳,可充分利用沈阳故宫、张氏帅府等景区资源条件,完成学生的特色化课程目标设置,以提升学生的综合素质。

(二)精心凝练课程内容

高校学生对课程内容的前沿度、难易度和实用性的认可程度相对较差。因此,从前沿度、难易度和实用性三个方面对课程内容进行优化,有利于高校专业课程内容设置得更加合理化,进而切实满足学生的发展需求。

1. 实现新旧知识融合

高校各类专业课程内容陈旧、缺乏创新一直是教育界面临的重要问题。虽然各个院校针对相关问题做出了改进，但"知识更新速度远低于行业发展速度"的问题仍旧存在。基于此，要想保证课程内容的前沿度，应该从以下三个方面着手：①从教师的层面，应及时关注和搜集相关专业的最新消息和前沿动态，并融入日常的课程教学内容之中，形成动态的课程内容更新机制。②从学生的层面，要积极利用信息化时代的便捷学习工具，通过网络或其他途径及时掌握行业发展的最新状况，并将线上与线下学习内容有效融合和把握。③从教材的层面，作为课程内容的要素之一，教材也应该及时更新，将书本教材与电子教材相结合，以满足学生的全面发展需要。

2. 准确区分重点难点

课程内容的难易程度直接影响着学生的学习情绪和学习结果，然而，当前高校专业的课程内容设置却存在重难点模糊或表面化的现象。许多课程对重难点的划分根据教材、教师或学科整体要求，而未充分考虑学生的需求和行业发展的需要。因此，为了改善这一现状，应该根据高校专业课程的特点，准确区分各门课程的重点和难点。具体来说：①教师要根据课程难易程度进行区分性教学，对重点难点内容进行详细讲解，对一般知识内容进行简要讲解，进而使学生明确课程学习的重点。②教师在课程评价过程中针对不同难易程度的知识点采用不同的测评或评价方式，以保证学生能够较好地接受和掌握。

3. 紧密联系行业实际

高校学生对课程内容是否实用比较关注，而高校专业课程缺乏实用性也一直是各个院校面临的难题。因此，紧密联系行业实际，提升高校专业课程内容的实用性刻不容缓。一方面，可以加强理论课程的整合，提炼出专业的核心内容。有效的课程整合不仅能够使教学资源利用最大化，同时精选课程内容也能够使学生的学习达到最优化。另一方面，可以加强理论课程的实训内容，即通过情景模拟、布置任务或实物演示等方式让学生参与体验,将所学理论转化为实际所需技能,进而为未来就业奠定基础。

(三)调整优化课程设计

高校专业课程的开设顺序、各类课程的比例和各学期的课程数量设置仍存在问题。因此,有必要就课程比例、课程数量以及课程开设顺序等方面存在的问题予以优化。

1. 合理划分课程类别

目前大多数高校都以公共课与专业课、必修课与选修课、理论课与实践课为分类标准。其课程设置基本呈现"金字塔"式的结构特征,即公共课门数少、课时量大,必修课和理论课较多,实践课较少,选修课门数较多但课时量和选课数受限制,这就造成了学生的学习"泛而不精"和"学而无用"的问题。因此,有必要进一步协调各类课程的比例,以使课程设计更加合理。首先,就公共课与专业课来说,应适当整合缩减公共课程的课时,以为专业基础课、核心课留有充足的时间。其次,就必修课与选修课来说,专业必修课是为学生的长远发展奠定理论基础,专业选修课则是为学生的个性化发展服务,因此,要适当加大选修课的比例和学生的可选课门数,以促进学生身心全面发展。最后,就理论课和实践课来说,要在现有课程的基础上增加实训课程的比例,创新课程实训的方式,同时调整专业实习的时间,按照课程特点设置不同岗位、不同形式的实习,以达到"随学即用"的效果。

2. 精心规划每学期课程数量

均衡的课程比例对课程设计具有重要作用,但目前大多数院校公共课和专业必修课所占课时较多,忽略了专业选修课和实训课程的比重。因此,未来各院校应该对课程数量安排进行调整,增加专业选修课和实训课程的开课比例,而不是将其作为公共课程和专业必修课程的辅助。公共课方面,可适当缩减政治与体育课程数量,增加计算机与英语课程;专业课方面,可压缩整合必修课程,"找核心,讲重点",

将有限的课程利用得更加充分，同时增加选修课门数和数量以及学生自主选择的权利；实训课方面，可结合该门课程的实际需求，在理论课结束后即时开展实训课程，以便加强学生的理解和运用能力。

3. 科学设置课程开设顺序

合理的课程开设顺序是课程取得良好效果的保障，这就要求课程的开设顺序要以学生的心理发展规律为前提，遵循课程内容的逻辑顺序。一般遵循"由简到繁、由抽象到具体、由理论到实践"的规律，循序渐进地进行课程的设置与实施。具体来说，大一年级设置政治、英语、体育等公共课程和专业的基础课程，大二设置理论性较强的专业课程，大三则设置实践性较强的专业课程，同时大二大三穿插相应的专业选修课程，或根据课程需要进行短期实习，大四则主要为实践性课程，包括毕业实习、论文撰写等。只有这样，才能使课程设计整体更具合理性和科学性，进而保证大学生人才培养的质量。

（四）完善创新课程实施

高校课程实施中的教学目标、教学设计和教学方法三方面仍有待改进。因此，从这三个方面进行课程实施的优化，将有助于提升学生的学习效率，进而提升高校大学生人才的输出质量。

1. 注重提升学生能力素质

课程实施过程中的师生地位问题始终是一个极具争议的问题。长期以来，教师始终被认为是课程实施的主体，传统思想观念难以快速转变，这就导致了目前的课程实施仍旧以教师"灌输"为主，学生缺乏主观学习意识和思维创新能力。因此，为了使学生主动学习、全面发展，就要尽快转变观念，遵循"学生主体、教师主导、师生互动"的原则进行教学实施。首先，在教学观念上，坚持以学生为中心，在课程实施过程中多关注学生的心理和情绪变化，多考虑学生的参与程度，积极引导学生参与讨论、表达观点，以激发学生课堂学习的积极性。其次，在教学方法上，教师应根据课程内容和学生发展阶段的特点，采用适当的教学方法，尤其是对互动教学法、情境教学法等引导性较强的教学方法的应用，以引导学生主动思考、发现和解决问题。

2. 创新线上线下教学模式

数字化经济时代的到来打破了传统课程实施局限于课堂教学的现状，以"MOOC+SPOC（Small Private Online Course）"为主的线上线下混合教学模式逐渐被越来越多的院校接受，微课、翻转课堂等也成为当前教学技术改革的主要趋势。因此，旅游管理专业也应进行相应改革，采用线上线下混合的教学模式，打造旅游管理专业的"金课"体系，以快速、全面地提升学生培养的质量。具体来说，可以在教学中采用"MOOC视频讲授+教师课堂应用"相结合的方式，即线上平台完成知识体系构建，线下课堂进行针对性训练和补充。此外，通过MOOC的在线讨论、评价或作业布置等功能，教师可以在充分掌握学习者学习情况的基础上，有针对性地进行课程指导。这种"知识、思维、能力"共同培养的教学模式不仅能增强学生自主学习的能力，同时也能够提升教学效果。

3. 强化第二课堂实践效果

"第二课堂"是基于第一课堂提出来的，对于高校专业课程来说，"第二课堂"的构建主要可以从联合培养、全域实习、社会实践等方面着手。就联合培养来说，一方面可以开展"校校合作"，加强与国内外相关高校的联系，组织人才交流和互相培养的活动。另一方面可以加强"校企合作"，将原有的合作企业范围扩大到外企、国内外知名企业等，为学生提供对外实习平台，以培养学生的国际视野、国际语言和业务能力。例如，旅游专业的全域实习，学校作为学生专业实践的组织者，横向上应该积极地与不同类型的旅游或酒店企业建立联系，扩展学生的实习平台，纵向上则实行"短期+轮岗"的实习模式使学生在限定的实习期内尽可能多地体验不同的岗位，实现人才培养与各类旅游业需求的完美对接；就社会实践来说，可组织同学尽可能多地参与各类社会实践活动、专业竞赛、创新竞赛等，通过竞争和比较认清自己与他人的差距，进而努力提升自身能力。

（五）科学实施课程评价

高校课程评价的依据、内容、时间和结果等的设置仍有需要改进和优化之处，因此，从上述四个方面提出优化建议，以期进一步提高学生对课程评价体系的认可度，提升人才培养的质量。

1. 以行业现状为依托

目前，高校专业课程评价仍旧以成绩为主，对学生操作技能、职业能力等的考察为辅，甚至不做相应考察，这就导致学生形成了"唯分数"思想，而忽略了对其他能力的关注和锻炼。因此，为了更加全面地考查学生的综合素质，应以能力本位为评价标准综合考核学生的各方面能力，主要评价依据包括三个方面。①学生对基础知识和基本技能的掌握和运用能力；②学生的职业能力、文化素养、服务能力、应变能力、创新能力以及团结协作能力等。③学生的意志、人格、情感与个性等非认知因素。只有确立科学合理的评价依据，构建多层次、多维度的评价体系，才能对学生的学习和发展给出正确有效的评价，进而提出促进学生全面发展的建议。

2. 以学生发展为宗旨

高校专业课程评价均采用书面考试的形式对学生进行总结性评价，但这种单一的评价方式已经难以满足学生全面化发展的需求。因此，以能力形成的渐进性为依据采用过程性评价和总结性评价相结合的评价方式将更有助于激发学生的学习积极性和新鲜感。其中，总结性评价仍以理论考核的形式为主，如卷面考试、论文撰写等。而过程性评价则可以使考核形式更加多元化：①日常作业提交网络化，如运用网络教学平台上传文本、音频、短视频等作为日常考核作业。②考核形式创新化，如通过竞赛等专业技能竞赛考核学生的职业技能，或通过布置作业使学生完成情境模拟任务，考核学生的职业能力。③考核过程实践化，如鼓励和指导学生参加科研竞赛、社会调研等实践活动。只有过程评价与总结评价齐头并进，同时关注学习的过程和结果，才能及时发现和解决问题，进而帮助其健康、全面地发展。

3. 以科学公平为原则

课程评价对课程建设起着重要的效果监测作用，而评价时间则是保证监控有效性的重要因素。目前大多数院校都采用总结性评价，评价时间通常设置在学期的中期，进行中期考核，或设置在期末进行统一的考试。此种评价方式存在两方面不足：①评价不够及时，很难及时发现和解决学生在学习过程中遇到的临时性难题。②总结性评价多采用纸质试卷形式，通过量化打分进行考核，很大程度上由任课老师一人决定成绩，存在一定的不公平现象。因此，课程评价应采用过程性评价与总结性评价兼用、质性评价与量化评价兼具的方式，构建科学、高效的评价体系，以保障课程评价的及时和公平，进而对学生的整个学习过程起到良好的监控和管理作用，以保证学生的学习效果。

第五章　基于创新理念的现代高校学生管理

新时期社会形态发生重大变革，互联网、大数据的发展，带来了西方意识的冲击，创新高校学生管理工作已经迫在眉睫。如何做好现代高校学生管理工作，为我国提供全面发展的优秀人才是需要着力研究的课题。本章内容主要包括现代大学生成长成才路径探索、现代高校学生管理的特征、现代高校学生管理的作用、现代高校学生管理新趋势和现代高校学生管理新策略等。

第一节　现代大学生成长成才的路径探索

一、大学生成长成才面临的问题

（一）育人体制落后

高校学生管理模式的落后严重制约了高校"育人成才"这一基本功能的发挥。目前，我国很多高校学生管理模式的启动方式都是来自上级行政主管部门的规范性文件或者指导性文件，一般是由上级行政主管部门所设计的某一活动主题或者安排的某一职能性或者功能性的角色任务；管理模式的组织架构复制于学校其他类似的行政管理的架构，通常是学校设置同一领导班子，把各种职责层层布置到院系，最终在基层根据具体任务细分为几个职能机构或者职能小组分别完成上级要求中的几个任务细分，一般每一个机构或者小组的设立对应一个具体的任务细分；从管理模式的设计到最终执行，对学生始终是"暗箱"操作，学生往往被置于被管理者或者某一活动考查对象的地位，学生对管理模式的设计不具有任何发言权；凡是带有权力性质的职能职位（如打分、认证、记录，甚至在监督上还要在被监督部门和学生之间设置专门的联络员）全部由非学生的高校学生管理的行政职能人员、教师或者被极大程度行政化的学生干部担任，在参与活动和管理活动两个领域保持泾渭分明的人员配置分水岭；沟通方式是标准的行政式问答，即类似于行政机构下级部门向上级部门的投诉方式和下级对上级越级进行举报的方式。这种方式的特点在于，学生一旦遇到问题，无权自行认为这种问题是不合理的，也无权采取本地化的解决方案，必须采用格式化的书写（或者电子邮件等）方式将问题呈报，然后等主管部门答疑后，才可以根据主管部门的最终解答来判断并得到最终解决方案。

基于刻板呆滞的学生管理模式，高校学生的鲜活特征和学习实践自主性、自发性受到极大的压制，导致学生对高校内学习兴趣的缺乏，对管理的反感。同时，滞后的管理模式使得高校老师逐渐丧失对学生的责任心，师生间缺乏有效的积极的正向沟通，在学业和综合素质培养上缺失了良好的先天条件，导致育人能力不高，显示出高校的学生管理不当引发的育人体制滞后。

（二）"团队精神"集体性缺失

"团队精神"成为新时期大学生素质培养的重要组成部分。对大学生进行团队精神的培养不仅可以满足时代的需要，还可以有效地提升整个大学生思想政治教育的效果。第一，可以有效地加强大学生之间的团结和合作精神的培养。第二，可以有效地促成大学生形成民主意识和平等参与的公民精神。第三，可以有效地帮助大学生培养规范精神和纪律观念。第四，可以有效地帮助大学生融入社会和进行人生规划。第五，可以有效地增强大学生的心理承受能力和心理健康。团队的概念并不是很容易把握的，西方学者对团队理论做了大量的研究。

团队概念的内涵是拥有一个共同的目标，其成员行为之间相互依存、相互影响，并能很好地合作，追求集体的成功。1962年，日本科学家及工程师协会注册第一个质量管理小组，以此为标志，日本企业被认为是最早引入团队工作模式的国家。20世纪70年代，日本的质量控制方法在美国大受欢迎。受到日本全面质量管理（TQM，Total Quality Management）计划的影响，美国人采用了团队管理的形式以顺利推广这一计划。"集体主义"历来是我国传统儒家思想的精华。这种东方文化的结晶与团队管理的精神是一致的，为我国开展团队管理工作积累了优秀的文化和价值。霍桑试验及人群关系理论、勒温的群体动力理论、马斯洛需求层次理论、群体规范和凝聚力、群体凝聚力等理论和概念发展和丰富了当前的团队理论。相对于高校学生管理工作过去一直对学生坚持的爱国主义、集体主义和社会主义教育而言，对"团队精神"的培养是一个舶来品。

（三）管理过度刚性阻碍学生个人发展

强调人才管理和人才培养，一直是我国高等学校学生管理的重要指导思想，2004年，由中共中央、国务院印发的《关于进一步加强和改进大学生思想政治教育的意见》更是再一次明确指出：大学生是十分宝贵的人才资源，是民族的希望，是祖国的未来。加强和改进大学生思想政治教育，提高他们的思想政治素质，把他们培养成中国特色社会主义事业的建设者和接班人，对于全面实施科教兴国和人才强国战略，确保我国在激烈的国际竞争中始终立于不败之地，加快推进社会主义现代化的宏伟目标，确保中国特色社会主义事业兴旺发达、后继有人，具有重大而深远的战略意义。但是，在实际的高校学生管理工作中，由于我国高校长期受行政管理风格的熏染，思维惯性上将学生作为管理的客体对待，管理往往刚性过强，管理中强化了对合格达标和整齐划一的追求，更多的精力用于完成行政性指令和指标，容易忽视学生自身发展的实际需求，缺乏专业的调研精神和虚心听取采纳学生意见的机制。也就是说，来自上级指导文件中对高校学生管理的定位由于不可能细化为细致的学生管理模式设计和操作规范，并且在具体的落实过程中高校缺乏足够的激励为其配置相应的机制创新和机制设计，最终高校学生管理工作定位的实际落脚点往往还是学生日常管理工作，而对于学生成长成才、素质拓展这一部分的工作在资源的投入和支持上一旦遇到学校资源不足的情况往往为战略设计所忽视。正是因为如此，目前，高校学生管理模式是在渐进式的试错和应急的方式下逐步形成自己的特色和惯例的，而在宏观上缺乏专门的设计和战略的反思，一些机制创新的思路和经验没有得到总结和推广,其原因正是在于以这种方式形成的学生管理模式与传统的高校学生管理具有良好的匹配性和相互间的适应性,从而获得制度上的刚性而不易接受创新机制带来的改变。

二、大学生成长成才的路径探索

(一)法治化发展

"蓬生麻中,不扶而直;白沙在涅,与之俱黑。"[①]一个良好的、法治的校园氛围对于法治思维的培育和形成至关重要。现代大学生对于自身的发展有着无比鲜明的具体目标性,同时具有非常独立的个体思想意识和自主意识。大学生的全面健康发展的首要任务就是要规范他们的行为意识和思想意识的合法性,具有社会道德性。因此,在高校管理学生的过程中应当营造法治、文明的管理氛围,这有助于学生成才。

法治思维培育应与建设法治校园同步,首先要做的就是优化校园环境。建设法治校园、优化校园环境、改善校园风气,在校园中懂得扬弃,树立优秀榜样,舍弃不良思想。在校园中营造一个和谐、法治、文明的校园氛围。值得特别注意的是,校园法治氛围的建设不是一蹴而就的,是一个循序渐进的过程,需要长期的学习和积累。建设校园法治风气要从每一位学生、每一位教师的点滴行动做起,要从加强最基础、最关键的学生管理做起,集中资源、集中精力,将校园建设成为一个和谐、法治的校园,营造良好的校园氛围。

依法治校是依法治国的重要组成部分,是依法治国理念在高校落实的体现,是把学校的教育管理工作和学生管理工作纳入法治轨道,推动教育事业长足发展的重要保障。在法治建设和高等教育改革发展的新时期,维护学生合法权益是高校管理学生的根本目的之一和实施学生管理工作的基本原则。注重维护学生权益,首先体现在鼓励和支持学生自我管理和参与学校事务方面。为学生参与学生管理工作提供屏障,更好地维护以受教育为核心的大学生的合法权益。

---

① 出自《荀子·劝学》。

高校学生管理是依法治校的重要组成部分，是高校推进依法治校进程的切入点，对于高校学生管理具有重大的现实意义。依法治校视野下高校学生管理就是将依法治校的理念引入高校学生管理，亦是高校学生管理的主体在"以人为本"的管理原则和"科学立法、严格执法、公正司法、全民守法"的法治理念下，依照法律法规、部门规章和学校内部规章制度，由专门机构和人员及学生从事的有组织、有计划、有目的的教育、服务和管理，对学生开展教育管理的组织活动过程。在依法治校的视角下进行高校学生管理是法治精神在学生管理中的体现，保证了学生管理工作的开展在法治轨道上。全面推进依法治教，是高校学生管理现代化的需要，也是建设社会主义政治文明的必然要求，更是现代高校培育学生的必要路径。

（二）提升教育质量

高校教育质量建设是一项非常复杂的系统工程。它包括高校教育过程中的方方面面，既有宏观的又有微观的，既有精神层面的又有实践层面的。

21世纪以来，提高高等教育教学质量是我国高等教育发展的主旋律：2001年8月，教育部下发了《关于加强高等学校本科教学工作，提高教学质量的若干意见》，提出了12条加强本科教学工作、提高教学质量的措施和意见，得到全国高教战线的广泛拥护和认真落实；2004年3月，国务院批转了《2003—2007年教育振兴行动计划》（以下简称《行动计划》），其中"高等学校教学质量和教学改革工程"是《行动计划》的重要组成部分，该《行动计划》指出，教育部将按照"巩固、深化、提高、发展"的方针，巩固成果，深化改革，提高质量，保持持续、健康和协调发展，并把提高高等教育质量放在更加突出的位置；2005年1月，教育部印发了《关于进一步加强高等学校本科教学工作的若干意见》，为进一步加强高等学校本科教学工作、实施高等学校教学质量与教学改革工程提出了16条切实可行的意见；2010年7月8日，中共中央、国务院印发了《国家中长期教育改革和发展规划纲要（2010—2020年）》（以下简称《教育规划纲要》）。《教育规划纲要》指出，"提高质量"不仅仅是教育总体战略中工作方针的重要内容，而且是未来10年高等教育的第一重要工作。十多年来，通过国家、地方教育行政部门和高等学校的共同不懈努力，我国的高等教育质量得到了显著提高，高校在教育软硬件建设上也取得了显著成效（硬件包括图书、教学设备、建筑面积等；软件包括师资、学科专业课程设置、办学理念、人才培养模式等）。

回顾过去，从我们为提高高等教育质量所做的努力不难看出，高等教育质量建设工作仍有许多偏颇和盲区：重视教学硬件和教学形式的建设，忽视以课堂教学为主的具体教学过程的改革；重视高水平师资队伍建设，忽视教师的教学观念转变和教学能力的提升；重视教师和"教"，忽视学生和"学"等。这些问题仍旧在不同程度地制约着高校教学质量的提升。

现代与时俱进的教育观念在教学目标上注重能力的培养，对人才培养目标规格认识准确到位：在能力培养上注重理论与实践相结合，在师生关系上民主平等，和谐共鸣；在教学手段上充分利用多媒体技术；在教学组织形式和方法上注重多样化和灵活性。在这种教育观念指导下的教学活动，教师能够理解知识，指导学生学会学习而不是单纯地把知识传授给学生就完成任务；学生也可通过教学活动自己主动建构知识，真正实现能力的培养。大学生的学习观是学生个体对知识、学习现象和经验的直观认识。其发展经历了从客观主义到建构主义倾向的顺序，但学习观的各个维度的变化并不是同步的，这是由于大学生自身学习经验、所学专业、课堂教学以及学校和社会文化等因素的影响而造成的。学生的学习观反过来对学习成绩、认知过程及策略、自我调节以及学习动机具有重要的影响，因此学生学习观的转变应当成为大学教学的一个重要目标。关注教师和学生的教学观念，这里有三层含义：①教师必须拥有科学合理的教学观念，按照新时期人才培养的要求进行教学。②大学生必须拥有合理的教学观念，根据人才培养目标、规格以及科学的学习方法进行有效的学习。③教师和学生还必须形成一致、兼容的教学观念。这里所说的"师生一致、兼容"的教学观念是指教师和学生在教学实践活动中有共同的价值认同，即在教学目标的设定、教学内容的增删、教学手段的变革、教学计划的修订、教学评价方式的设计等方面有共同的认识和理解。

只有树立正确的与时俱进的人才观、知识观、质量观、教学观、教师观、学生观、交往观等教学观念，真正改变陈旧的教学目标和教学内容、落后的教学方式方法和僵化的师生关系，才能使高校教育改革取得更大成效，真正地实现教育质量的提高，完成时代赋予学校的培养高水平人才的使命和责任。

第二节　现代高校学生管理的特征与作用

一、现代高校学生管理的特征

（一）政治性

高校学生的管理工作与我国社会思想政治要求本质上的目标是一致的，都是为了培养合格的社会主义建设者和接班人。高校的思想政治工作为学生的管理工作提供了精神上的支持；而高校的学生管理工作为高校的思想政治教育提供了物质上的保证。两者相互协作，相辅相成。帮助高校大学生树立正确的世界观、人生观、价值观，确定正确的价值取向，是高校学生管理工作的首要任务。

钱学森教授留下了这样一个令人深思的问题：为什么我们的学校培养不出创新型人才？这个被命名为"钱学森之问"的问题引起了国人和教育界对中国高等教育质量的大讨论。

哈尔滨工业大学校长王树国教授曾说过这么一句话："我是研究机器人的，希望机器越来越像人，但作为校长，我担心把人培养成机器。"[1]

"钱学森之问"和王树国校长的话实质上一针见血地道出了当今我国高等教育普遍存在的一个问题：人才培养质量下降，大学生缺乏学习动能，价值观建立具有不确定性，缺乏创新精神和创新能力。人才培养是高校最核心的职能，而教学又是人才培养的主渠道。高校的学生管理工作一定要把培养人才作为高等学校的第一职

---

[1] 李斌. 校长论坛自揭大学之短[J]. 中国青年报, 2006（7）：19.

责。学校和教师都要把主要精力放到搞好教学和培养好学生上。科学研究也是高等学校的重要职能，但要与教学和培养人才紧密结合。

现代高校学生的管理工作已经逐渐实现树人和育人的有机结合。在营造学习环境和社会文明环境上双管齐下，为大学生的自我管理和成才提供有力的保障。

（二）针对性

20世纪90年代早期，"学生管理工作"一词正式被提出。随着高校数量和规模的不断发展，国家对大学生不断扩招，学生工作被赋予更多的职责，其内涵也不断充实。最初高校学生管理工作由教师兼任发展为现在的专职辅导员，随着事务性工作的不断增多，从最初单一的学生思想教育到关注学生的多方位发展，有组织、有计划地管理和服务学生。学生的管理工作包括建立严格的行为规范制度，学生工作中的服务就是开展一系列的活动以帮助解决学生在生活上或学习上的困扰，促进学生的全面发展。学生管理工作的内涵是学生管理部门为了使学生全面发展，提高学生的综合素质而开展的一系列具有针对性的，有利于身体与心理健康成长的活动。大数据时代背景下，高校学生管理工作的概念将有所升级，管理方式和途径的拓宽使学生管理工作向逐步细致化的路径发展。高校学生管理者对大学生在校期间，针对学习和生活规范管理而进行的一系列活动，为学生提供了良好的学习和生活帮助，促进了学生全面发展。

（三）科学性

高校学生管理工作应当遵循科学、公平、平等的原则，这也是高校管理建设和维护稳定的重要工作基础。尤其在针对学生个体的具体管理工作过程中，更应该做到管理有水平、服务有特点、反馈有实效。一般情况下，学生的各种学习奖金申请的管理需要走审核流程，将奖励的方案细化，进行公开、公平、公正的评定，科学地引导学生健康的消费观和价值观，以及调节学生良好的心理状态，达到完成优秀的学生管理工作的目标。对于每次审核，首先需要学生申请，经过班级单位或者院系单位的评定程序后，再报批给管理员，初核通过后上报高级管理员，最后复核通过后，流程结束。

面对现代高校学生的管理工作，比如奖学金、助学金、勤工助学等机制，需要全方位地思考。这不仅需要细化有关的评分机制，更要使机制透明化，对于获得了奖励、鼓励和支持的学生要引导其树立健康的价值观，不能奖项一到手就去大手大脚消费，而要倡导理性消费，要用到刀刃上。比如更好地提升自己，多参与大赛，多学习技能，再接再厉、不断超越、勇攀高峰。对于未获奖的学生，要做好心理辅导，给予鼓励，希望其不断努力、不断赶超。同时，对获得奖励的学生，应该建立监督机制，讨论和制定适合的规则约束，严格要求获奖的学生，尤其是高级别和高奖励的获得者，要求获得者按照评定要求高标准规范自己的生活和学习，做好榜样带头作用。当有违纪违规的情况发生时，讨论是否应该按照公示的规则收回有关的奖项和称号，合理地发挥高校奖学金的正面作用。作为全校的榜样，全面接受监督，在个人综合的行为数据上给予关注。

（四）时代性

互联网大数据时代的到来，引发我国乃至全球社会生活的变革。高校的整体发展也会顺应这一时代特点产生变化。针对目前我国高校发展整体环境特点，高校学生的管理工作也具有了社会时代的特点。

在中国，微博、QQ 和微信平台即将成为高校利用自媒体应用于学生管理工作的有效途径。高校利用自媒体平台通过个人发布信息进行公开交流和信息分享的途径对大学生的生活进行相互了解，这些途径极大地影响了大学生及学生工作管理者的沟通方式。

QQ、微博和微信是中国目前使用用户最多的综合型网络社交应用。其中，根据调查，QQ 是高校辅导员应用于学生管理工作的重要工具之一。对学校文件的传输、消息通知，以及解决学生生活上或学习上面临的问题，高校学生管理工作往往以建立 QQ 群或微信群的方式，去帮助学生解决一系列的问题。通过 QQ 软件的分组等功能，可以将不同类型或存在不同困难的同学进行分组，以轻松交流的方式，有针对性地解决他们的实际困难，帮助学生树立正确的价值观，以帮助他们顺利解决问题。微博是实现即时分享信息的一个基于用户相互关联，传播分享信息的网络平台。在高校学生管理队伍中，辅导员是学生管理工作队伍的主要成员，他们的工作往往繁杂而琐碎，无论是外界的认可还是自身的认可，程度都较低。辅导员可以通过微博或微信平台展现学生管理工作中的工作状态，表达自己的工作感受和工作心得，通过这样的方式提升外界对学生管理工作的认同感。学生与高校管理者都可以登录学生管理工作的自媒体平台，深入了解学生管理工作者的重大责任，从而加深师生之间、学生管理工作者之间的了解程度，促进师生之间关系的和谐发展。

二、现代高校学生管理的作用

（一）育人成才的作用

从历史发展角度来看，高校学生管理工作改革的过程是从早前单纯强调政治思想教育，到现代化高等教育中对学生的教育、管理和服务三大内容并重的转变。这一重要的转变使学生管理工作的使命成为培养全面发展的高素质社会主义建设者和接班人。从此，高校学生管理工作者的工作目标逐渐清晰，对高校学生管理工作重要性的认知得到进一步强化。学生管理工作还被赋予了很多使命，随着高等教育的日益发展，时代赋予高校学生工作的使命就是不断完善高校学生管理制度，从根本上加强学生管理工作，从教育、服务和管理三方面解决问题。

我国目前处于提倡素质教育的大时代，学生的全面发展是国家的重要发展战略。高校学生管理工作者的基本工作使命就是对学生的学习和生活进行有效的管理和服务。高校的教学事务和学生管理是高校培养人才的必要途径，高校以培养全面发展的建设者和接班人为己任，贯彻执行党的教育方针，是实现高校基本任务和培养目标的必要措施。因此，学生管理水平的高低、质量的优劣，对学生的培养有直接性的制约作用。此外，学生管理工作对于提升学校的内部凝聚力和综合竞争力都具有重要意义。

（二）稳定社会环境的作用

随着我国各项事业的快速发展，高等教育由精英教育向大众教育转变，这也给高等教育的学生管理工作带来新的挑战。在传统的学生管理中，学生风险一般来自人身安全风险、学业风险和就业风险、财务风险等多个方面。但是随着科技的进步，高校的扩招，学生的数量和质量的快速变化，高校学生管理中的风险已经超出了传统的风险种类，特别是基于传统视野的学生安全风险可能通过网络的传播，快速形成新的风险种类。其中，舆情风险、校园贷风险、就业风险等问题就凸显而出，这种风险危及了高校的学生管理工作，给社会、高校舆论、社会稳定、高校稳定以及金融发展的稳定带来隐患。因此，高校学生管理不仅要针对传统的高校问题进行管理，而且要针对新的问题种类发生进行有效管理。

高校学生管理中的挑战主要来源于两个方面：①高校内部基于传统的教学管理环节，如学生考试压力排解问题、就业问题等。②来自社会化的问题，如舆情风险、校园贷风险等，这对于高校管理中的学生工作也是一个严峻的挑战。因此，高校就是一个社会的浓缩，学生全方位的发展过程中，任何环节出现问题，都会引发蝴蝶效应或者集体效应，对社会稳定造成影响。在现代大学制度下，完善的管理工作体系将会促进社会的稳定。

（三）增强复合能力的作用

我国高等教育的目的是培养全面发展的社会主义接班人，把学生培养成有"中国梦"、有理想、有远大抱负和身心健康的复合型人才，这是我国长久以来的目标。作为一名合格的当代大学生应该具备的基本政治素质是：具备爱国主义精神、坚定不移的社会主义信念和积极拥护中国共产党的领导。将中华民族的优良传统和文化发扬光大是每所大学的责任所在。作为高校的学生管理工作人员，提高大学生的科学文化素质是不可推卸的责任。大学生必须具备完整的知识素养体系，养成良好的学习习惯，保持长久的求知欲望。自媒体的发展能够为此传播正确的价值观和人生观，提高高校学生管理工作者对学生思想教育的及时性，引导大学生身心健康成长。

高校学生管理工作的重要使命之一就是要发展学生的智力,帮助学生的素质全面发展。当下一致认为发展学生的智力应该是课堂教学和教师的责任,但高校学生管理工作者同样肩负促进学生智力发展的使命。当前,我国高校学生管理工作应重视大学生的通用复合技能的培养与强化。一般意义上,强调通用技能不等同于专业技能,通用技能可在各个领域中发挥作用。英国里丁大学认为,"通用技能应该是最重要的基本技能,包括信息处理能力和问题解决的能力、与人沟通交流的能力、数字能力和团队工作能力"。现如今我国人才市场竞争机制日趋完善,高校学生管理工作部门应与学校教学部门等其他相关部门共同探讨、共同研究高等教育的使命,在具体的实践过程中体现出高校学生管理工作的人才培养的工作使命。在管理理念的层面上,高校学生管理工作必须明确以学生为管理主体,让性格各异和各有所长的学生有不同程度学习生活的自主权和选择权,以此培养顺应现代社会发展要求的人才。

第三节　现代高校学生管理创新发展的策略

一、现代高校学生管理等的主体变化

(一)环境的新变化

在信息技术不发达的时候,高校学生管理一直处于半封闭的状况,很多校内发生的事件在处理的时候往往消化于内部,并不会波及社会层面,而在网络资讯传递速度如此迅捷的今天,高校学生管理对于公众来说是完全透明的,甚至很多突发事件,公众和媒体获得信息的时间比高校学生管理部门更早;对突发事件的处理不仅吸引公众的眼球,很大程度上还决定了高校在社会大众心目中的形象。因而,很多事件的处理由纯粹的内部的行政事务性质转变为附带有高校处理公共关系和公共形象的公共事务性质,这就造成原有的一些简单原始的管理技术必须相应地进化为能

够得到公众理解和支持的管理艺术，对于高校学生管理的工作者提出了极高的要求。

与此同时，自媒体不仅仅对学生的日常生活及学习产生巨大的影响，对高校的学生工作、教学工作的影响也极为深入。自媒体平台对高校学生管理工作而言可谓是一把双刃剑，如何发挥其积极作用，如何将自媒体平台创新性地应用到学生管理工作中是高校面临的新挑战。

信息技术的发展、网络生活的普及给人们的生活方式和行为方式带来了巨大的冲击。根据中国互联网络信息中心提供的资料，我国网络用户的数量激增，其中高校学生所占的比例在50%以上。网络是把"双刃剑"，一方面，它给高校学生学习和获得信息开辟了新渠道，为学生提供了更为广阔的空间选择和接受各种思想文化的平台；另一方面，网络也给腐朽落后的文化和有害信息的传播提供了滋生的土壤，大学生痴迷网络，致使少数大学生精神空虚、行为失范，有的甚至走上违法犯罪的歧途。

（二）管理对象的新特点

随着互联网科技和自媒体的不断发展与创新，以手机为主的移动网络媒介深深影响着人们的思维模式和价值取向。显然，在信息化的时代，自媒体以不可阻挡的态势影响着各个领域。如今高校大学生作为年轻群体的代表，自媒体显然成为当今大学生获取信息、发表言论的重要工具，同时逐渐成为新一代的"精神寄托"。

从以上现状可知，如何更好地运用自媒体开展高校学生管理工作，如何加强自媒体建设，使其与高校学生管理工作紧密地联系起来，如何通过自媒体平台提高学生管理工作的效能，这都是亟待需要解决的问题。

二、现代高校学生管理创新策略

（一）管理政策创新

2017年，教育部发布了《普通高等学校学生管理规定》（以下简称"新《规定》"），新《规定》和教育法、高等教育法共同为我国高等教育法治化确立了明确的方向和要求。相比之下，我国高校学生管理工作是滞后于高等教育法治化这一大趋势的。

首先，高校学生管理工作受到东方传统教育文化中缺乏自由、平等、人权等现代社会及现代教育所需要的价值观念与精神特质的影响，在传统中形成行政权力膨胀、人治观念扎根很深，重权力轻权利，操作中强调实体忽视程序，特别是对于间或出现的突发事件没有形成规范的操作，随意性很大。

其次，学生管理工作中经常以道德代替甚至超越法律作为处理学生事务的依据，往往以社会大众的思维方式来评价学生的行为，强调自身作为管理者所具有的惩戒的权力，而忽视了自身也同样作为教育管理者所具有的教育帮助的职责，无形中抹杀了学生得到教育管理者最终保护和人文关怀的权利。

最后，学生管理工作中缺乏法治意识但又喜欢借助法律工具的权威效力，大量的学生管理工作者喜欢为学生制定各种规章规范，但是这些规章规范的制定一方面缺乏科学的规制技术，用语含糊，表述混乱，缺乏操作性和具体标准，自由裁量范围极大；另一方面又缺乏对学生合法权利的保护，只规定学生的义务不规定学生的权利，只强调对学生的权利而避而不谈自身的具体权责。例如在新《规定》颁布以前，很多高校还在校规校章中写入类似"在校期间擅自结婚而未办理退学手续的学生，做退学处理"这样的规定，新《规定》针对这一明显与目前国家基本法律相抵触的做法予以特别强调，学生能否结婚，根据《中华人民共和国婚姻法》和《婚姻登记条例》执行。根据新《规定》，高校学生管理的任务包括"维护普通高等学校正常的教育教学秩序和生活秩序，保障学生身心健康，促进学生德、智、体、美全面发展"，管理方式为"以培养人才为中心""依法治校""管理与加强教育相结合"，这就为高校学生管理从内容和形式上都提出了全面的要求，需要高校学生管理在实践中通过改进和创新做出实际回应。

同时，在创新的管理政策指导下，还应当探索新型学生管理模式，将高校学生管理工作内容和职能全部整合到学生工作部（处）和校党（团）委中，由分管学生工作的校领导（一般为党委副书记或副校长）统一领导。按照学生管理工作的具体职能，学生工作部（处）下设思政教育中心、事务管理中心和发展服务中心三个中心，校团委下设组织宣传部、科技创新部、社团实践部和人文艺术部四个部门。

（二）管理模式创新

1. 引导自我管理

众所周知，国外的教育管理理念都是以自由开放为主的，主张个性的张扬。以英国为例，对于高校学生管理工作的重要目标是为学生提供更好的服务。因此英国在学生管理工作中全面奉行"以人为本"的观念，以学生全面发展为中心。正是因为充满人性的学生管理工作方式，使得英国各大高校的学生管理工作氛围尤为活跃，充满生机。

无论是老牌的牛津大学还是新兴的萨里大学，都强调"以学生为主体"的大学文化教育观。力求学生全面发展是英国高校学生管理工作永远的追求。例如，在自媒体平台建设的应用上，英国坚持以了解学生作为首要任务，也从满足学生多样化的需求为出发点，积极建设自媒体平台。根据学生需要学校提供的信息、服务的内容等，加强自媒体平台信息发布的针对性，从而促进学生学业的发展以及个人未来的发展。

长期以来，我国的高校学生管理工作习惯采取管理者进行管理是主体、学生作为被管理者是客体的工作思路，忽视学生作为主体的一面，管理规则设定得比较僵硬，处理方式以刚性指令为主，单方面强调学生的义务而忽视学生的自我实现的要求，强调学生对于管理的服从和理解而忽视对学生的服务和辅助，这就与学生渴望得到理解和信任的心态相冲突，往往形成管理者觉得学生偏激难管，而学生觉得管理者与他们毫无办法沟通，缺乏服务精神。

营造浓厚的大学校园自主管理文化是一种创新管理方式。文化是人们行动的奠基石，它是指引我们各种行为的潜意识。高校应通过典型案例、文化宣传等多种手段，在校园里营造浓厚的自主管理文化氛围，让全体学生、教职员工都能参与学生管理活动，倡导一种"以学生为本，引导学生自我全面管理"的管理模式，这也是我国高校学生的管理模式创新发展的方向。

现如今，我国大学生素质不断提升，大学生组织逐渐发展壮大，大学生的主体地位得到了空前的提高，以高校工作为重点的制度建设也加快了步伐，这使大学生参与学生管理工作就具备了现实可行性。同时这也是学生自主管理的延展。学生参与学生管理就是学生直接或间接地参与学生管理工作，参与的范围是学校；参与的权限是高校学生管理拥有的权力；参与的内容是与高校学生管理自身相关的工作和相关政策制定；参与的主体是专职教师和学生。

回顾大学生参与学生管理工作的历程，不难发现，无论是其自身的知识储备还是综合实力，都显示出大学生能力的不足。"其身正，不令而行；其身不正，虽令不从。"大学生想要维护自身权益就要从自身做起，切实提升自身能力。能力的提升不是靠纸上谈兵就有的，要将知识转化为行动，促使自己不断提升。

大学生参与学生管理是一个由浅到深、由简及繁的动态过程，因此能力的提升不是一蹴而就的，是在自身能力基础之上参与学生管理过程中的点滴累积，而且与相关教育和培养息息相关。"实践出真知"，笔者认为高校应该积极引导、鼓励大学生多参与社会实践活动以此培养大学生的社会适应能力和自我管理能力，同时在这些实践中认识到自身不足，从而树立正确的自我意识和主动性、主人翁意识。唯有在参与学生管理的实践中，大学生才能锻炼出独立思考、遇事冷静、处事果断、合作共赢的工作作风，从而提升自身能力。应该注意的是，高校的专职学生管理者应该清晰地认识到大学生虽然具备一定的学生管理的能力，但仍然处于发展中，必须在实践中加强引导，树立正确的价值取向，使知、情、意、行协同发展，共同推进大学生的行为能力。

2.提高学生管理工作的标准化

标准化是现代高校学生管理工作的特色之一，时刻要求高校学生管理工作系统化及精细化。这反映在高校学生管理工作的整个系统中都有相应已成熟的标准，围绕统一的管理标准，统一的人才培养目标，使高校学生管理工作富有节奏性而充满活力。高校不应该将学生管理工作部门和教务部门分开,要将学习和生活管理联系得更加紧密,使与学生相关的各项事务内容更加丰富。对于心理咨询部门来说,应该在新生开学和毕业之际对学生进行相关的心理测试,关注学生心理动态,通过管理平台和学生进行思想交流与沟通,打破时间与空间的限制,避免面对面交流的尴尬,将工作做到精细化。

3. 学生管理工作法制化

纵观我国高校,学校对学生的任何行为都负有责任,无论是教育的体制问题还是社会对学校承担责任的认知问题,一旦学生在校期间出现问题,根据具体问题具体分析,首先学校会承担相应的责任。但是遇到突发或特殊事件,如自杀事件、知法犯法事件学校依然要承担责任。例如,当下高校频繁曝出的校园贷事件,学生盗用同学身份证号在贷款平台上多次贷款最终无力偿还,学生家长要求高校要负责,诸如此类事件,高校无法根据具体的法律得到相应的支持。反观一些国外高校,虽然没有对高校学生管理事务进行立法,但有明确的规章制度准则,学生与高校之间有明确的权责关系。高校大学生在校期间受到学校规章制度的约束,这些规章制度涉及学生在校期间的方方面面,学生与校方也达成共识:学校规章制度与法律的要求相一致,加深了学生的法律意识。

由此可见,高校对学生不应该方方面面承担责任,应当承担部分管理责任,一旦学生触及法律层面,将由外界部门介入管理,高校不再负责。高校学生管理工作应该加强学生的法律意识,同时也要将高校学生管理工作逐渐建立具体的规章制度,与法律挂钩。

4. 稳态管理与动态管理相结合

高等学校肩负着人才培养、科学研究、社会服务、文化传承创新的重要历史使命,高校的定位决定了它不应该仅是一个自成体系封闭的小社会,而是一个海纳百川、充满活力的大社会。高校的社会化程度越来越高、开放程度越来越大,高校的管理工作无论从规模上还是复杂程度上比以往任何时期更应注重管理的动态性。高校学生管理作为高校管理的一个重要组成部分，根据国家和社会对人才培养的要求，在管理理念上要开放包容不要闭门造车，管理模式上要实行动态管理而不是静态管理。因此各高校在实施学生管理新模式中，应根据学校类型特点的不同和人才培养目标的差异，注意管理模式内外环境和条件的变化，实现稳态管理和动态管理的有机结合。既要在稳态中突出灵活，又要在动态中保持稳定。高校学生管理新型模式既要打破原有的封闭模式，实现开放管理，更要注重动静结合，实现学生管理模式的稳定性发展，同时在发展中不断完善创新，不断适应社会需求和高等教育发展的需要。

（三）管理手段网络信息化

建立网络信息化管理系统的主要目标是提供全面的学生管理的解决方案，实现提升管理质量和效率的问题。人工的方式明显不适应目前学生众多的背景，而且检索、维护和更新面临极大的挑战。寻求如何改进学生信息管理的效率，是高校需要探索的问题。就目前而言，信息化建设方案可以满足这些诉求。因此，就实际情况而言，高校学生信息系统的趋势就是要开发一个功能完善，操作简单，界面友好，有针对性的大学生管理系统。

1. 统筹规划，并完善信息管理机制

高校做好学生管理的信息化建设，从长期发展的角度出发，在高校战略发展规划的指导下，由学校层面进行统一的统筹规划。只有由学校统一布局，进行全盘考虑，才能实现整个学校的信息管理与学校的发展同步、与学校的实际相符，实现整体良好的效果。高校的信息化建设，除了由学校主导，提供强有力的技术支持和资金保障，还要综合各部门的力量，协调各部门的关系，在信息管理系统的应用上促进部门间的横向沟通、合作，不能每个部门独立做一套系统，相互间不能融合。在引进系统时应全盘考虑，对信息系统建设进行综合集成建设；校内网、校外网以及相关数据库要能够实现互通互联，实现各部门间的信息共享和交流。

2. 强化行政人员现代化技术运用能力

信息化专业人才对实现高校的信息化建设起着至关重要的作用，针对行政人员

现代化信息技术运用能力不强、技术水平不高的问题，高校要着力加强信息化队伍的建设，培养现代化信息技术专业人才，做好人才保障工作。高校首先要转变行政人员对于信息化技术不理解或抵触的情绪，增强行政人员信息化科技的意识，使其充分认识到信息化建设的重要性和必要性；随后，对行政人员进行有组织、有计划、有目标的培训，加大对行政人员信息技术运用的培训力度，提高行政人员的信息收集、数据分析等方面的能力，加强信息技术人员的团结协作意识，共同做好高校信息化建设工作。

（四）管理内容创新

1. 树立依法管理的法治理念

在高校学生管理中依法管理就是要求参与学生管理工作者在管理过程中尊重法律的权威，体现法律信仰、法律理念，树立法治思维。无论是在日常的学生管理活动中，还是做出处分时、执行处分过程中都要处处体现法治精神。特别要注意的是，高校学生管理在法治轨道上顺利地前行，是以优秀的、专业的学生管理工作者为支撑的，因此学生管理工作质量的高低与从事学生管理者的素质的优劣息息相关。新形势下的高校学生管理工作者，要摒弃之前重人治、轻法治，重实体、轻程序的思维模式，切实增强依法管理的意识。唯有管理者知法、懂法、守法，谙熟有关高校学生管理的法律条例规定，知晓相关法律程序，才能真正做到依法管理。因此，高校学生管理者要做到依法管理的前提是知法、懂法，唯有知法、懂法才能在学生管理过程中守法，才能捍卫学生的合法权益，使学生有一个成长成才的法治天地。学生管理要做到依法管理，就需要明确所依之法具体是什么。首先，学生管理工作者作为人民需要遵守一般法律：宪法、民法、刑法、教育法等，这些是规范人们最基本的日常生活的法律。其次，高校学生管理工作者作为一个特殊的职业，隶属于高等教育领域，因此要遵守与教育领域、高等教育领域和高校学生管理相关的法律规范，如教育部《普通高等学校学生管理规定》（2017年2月4日颁布）《中华人民共和国学位条例》（1980年2月12日颁布）、《高等学校学生行为准则》（2005

年3月25日颁布）以及学校内部的校规校纪、规章制度等。

在依法治校的视野下进行高校学生管理除了需要学生管理者知法、守法，更为重要的是要树立、强化学生管理者的法治理念、服务意识。"法治理念是一种现代化的理性而科学的法律管理理念，它是现代主体普遍的法律思想、法律理想、法律信仰和法律终极目标等意识或者观念的总称，其也是法治或者法的精神方面。"法治思维的培育不是强制性的灌输，而是长期的潜移默化；法治理念不是口头上的形式，而是融入实际行动的潜意识。对法治思维的培育而言，无论是对于学生管理的工作者还是高校学生管理的对象都是任重而道远的。高校学生管理的主体和客体都要重视法治教育，并在实践中夯实法治思维的养成。让大家意识到只有不断完善自身的法律知识、健全法治观念，才能提升自我。高校可以通过加强对学生管理工作者的法律培训、进修等方式，或者实地学习、模拟训练、同行交流、研讨等多种渠道，使学生管理工作者了解自身的不足和缺陷，了解学生的基本需要和诉求，从而具有丰富的实践基础和比较系统的法律知识、法治意识。实践出真知，只有经过实践，否定之否定，才能形成良好的法治理念。从当下做起，从规范日常生活中的行为做起，加强法治实践锻炼。在实践过程中发现与法治理念相矛盾之处，加深对法治观念的认识，从而从中巩固自身的法治意识，提高自身法治水平。

2. 规章制度

健全的规章制度是高校管理工作健康发展的根基。良好的机构建设是为实现高校学生管理工作目标的有效保障。为了加强学生管理工作，学校应成立全校—学院—系—班级多级学生管理工作机构，配备相关工作人员，达到人员岗位工作职责明确，定责到人。学校管理机构要确定学生管理目标，研究学生管理的政策，确定阶段性工作重点，定期分析管理效果。

健全学生管理工作的规章制度。首先，应对现有制度进行审核。发现现有制度存在的不足，及时地对制度进行更新工作，做到制度能跟得上管理的发展步伐。其次，要加强学生管理的考核工作，建立健全学生管理工作的考核制度、监督制度，通过制度的完善和制度的规范，努力修补管理制度的漏洞。

构建畅通的信息沟通渠道是实现学生管理目标的必要手段。要做好学生管理信息沟通工作，需要做好三个层面的工作：①学校内部要建立畅通渠道，从纵向看，学校对学生管理信息渠道要上至校级领导，下至班级信息员，做到信息沟通顺畅；从横向看，要使各个部门横向沟通渠道畅通；②要建立学校与家长的信息沟通渠道，做到学生管理信息的及时传达，如学校应建立和学生家长的信息沟通平台，实现"校—家"双方的及时双向沟通，鼓励家长对学校的学生管理工作提出自己独到的建议。③要利用现在的多媒体传播手段。高校要充分利用新媒体与学生、家长和社会进行沟通。学校可定期在学校网站、BBS论坛等传播载体上发布学校关于管理工作的相关信息，也可以利用微信、QQ、微博等与学生、家长或其他利益群体实现一对一、一对多的互动。

3.服务体系

学生的主体性表现在学习生活中所表现出来的自主性和创造性。高校学生管理的主体是人，实践的对象也是人。在高校学生管理中主体与实践对象的关系，是人与人的能动性、创造性关系。首先，高校要提升服务意识。高校学生管理活动中，参与学生管理的群体要意识到重点在于服务，而非管理。管理强调一方服从于另一方的组织安排，而服务指的是两个平等主体之间的互动。目前高校学生管理中正是缺少了这种服务意识或者只是在"走过场"。因此，树立服务的管理理念、增强服务意识、提高服务质量迫在眉睫，而且高校教师面对的是成人化的学生，民主的管理方式对高校教师的管理更为重要。其次，大学生是实践的主体，高校学生管理要坚持"以人为本"的管理理念。要坚持以大学生为高校学生管理实践活动的主体，高校学生管理要始终坚持在教师主导下，以学生为主体开展学生管理工作，并在过程中注重增强学生与学校管理部门、学生与教师、学生与学生组织、学生之间的沟通和协调的能力，加强学生社会实践能力，提高学生参与高校学生管理的热情，调动学生的积极性，促进学生全面发展。最后，大学生是高校学生管理中的价值主体，高校学生管理要坚持以学生为主体，坚持以学生为价值之本。在学生管理过程中积极引导学生正确认识和处理好自身与周围事物的关系，从而在过程中实现自我价值。在这种价值关系中，价值主体以它内在的价值需要对价值客体的价值属性做出感受和判断，两者互为表里，相辅相成。

在高校学生管理的价值关系中，价值主体是学生，高校学生管理是价值客体，高校学生管理促使自己的实践行为不断满足学生的需要，协调自身和客体的关系，从而使学生更好地融入学生管理工作中。只有这样，学生管理工作才能得到学生的认可和接受，学生才能更好地参与其中，才能彰显出学生参与管理的意义，学生管理工作才能找到自己存在的根基。

通过调研发现，目前高校面临比较大的学生管理工作压力，而且由于历史原因，对系统的规划缺少统筹和管理，导致了一些重复投资和标准混乱，需要系统性地考虑建设、整体性的设计。同时，学生管理工作应该按照循序渐进的方式，优先处理和解决突出问题，以实用性为原则，逐步地改善和推进学生服务管理、工作个性化的建设。同时做好安全措施，防范学生信息泄密和被窃取；做好系统工作的扩展性，考虑未来的系统工作集成性等。

高校学生服务管理工作主要分为奖学金管理、贫困生认定管理、勤工岗位申请管理、就业信息管理、党员管理等板块。系统的管理工作应当面向全校的教师职工和学生，需要有一定的管理人员负责维护相关管理工作的设定和学生信息的维护更新功能。管理人员需要维护学生基本信息的各个方面，完善每个学生的个人学习和生活的在校档案。如果管理人员是高权限的人员需要设定好角色和完成配置管理，建立有效的学生学习生活服务管理机制。有关的管理人员要做好学院的设置、专业的设置以及学生的个人信息建立和管理，在业务工作上需要做好比如奖学金管理、贫困生认定与勤工岗位申请，服务管理工作中还应该包括学生信息反馈的有效的畅通渠道。

在完善学生服务管理机制的过程中，一些具体到学生自身社会和经济利益的个体化管理服务工作尤为关键。比如奖学金的管理、贫困生认定管理、勤工岗位申请管理、就业信息管理、党员管理等。学生管理工作，需要建立良好的学习氛围和环境，高校学生服务管理机制的设计与实现更加有利于学习表现良好的学生得到表扬和奖励，比如国家助学金的评选。它能帮助家庭经济困难的学生勤奋学习、努力进取，促进其在德、智、体、美等方面得到全面发展。建立良好的奖学金机制是非常有必要的。奖学金的评定是学生管理工作中的重要环节，奖学金制度有利于调动广大学生奋发向上、刻苦学习的积极性，有利于培养思想健康、品德优秀、成绩突出的学生，而且帮助了家庭经济困难、品学兼优的学生顺利完成学业。奖学金的评选不仅是影响到个人，更是对于弱势群体、家庭困难的群体的帮助与支持，以便让这部分学生顺利地完成学业。由于当地经济或者是家庭本身的原因，高校贫困生在就学期间无力承担教育费用，这些学生有的心理还存在严重的自卑，如何运用助学金和奖学金帮助这批次的学生完成学业也是高校学生管理工作的重要内容。"贫困生"的标准在国家层面并没有确切的评判标准，一般参照当地经济水平和家庭实际收入来进行判定。

三、现代高校学生管理新趋势

（一）管理决策规范化

无论是高校的办学宗旨还是发展学生的具体目标，都是高校在进行学生管理过程中应遵循的基础标准和目标任务。学校发展的情况是最能够直接反映出学校的学生管理情况的，同时也是学校管理的决策适合性的体现。在进行高校学生的管理过程中，管理制度规范是相当关键的。

因此，学校的发展情况要体现出管理决策是否规范、目标是否清晰、明确学校是否有自己的品牌与特色；办学目标和发展方向是否得到广大教职工的认可。学校管理决策的制定需要综合高校所处地区的经济发展程度、自身师资力量、科研基础、硬性设施等方面的实际情况进行考虑，所制定的管理制度应该清晰、明确，既能充分利用学校硬实力、软实力等综合条件，具有一定的挑战性，又不能好高骛远，遥不可及。学校的管理机制是否准确、合理会对学校的整体规划产生重大影响，方向出现偏差，所做的努力可能会南辕北辙，在很大程度上影响高校的管理效能。

校园文化作为高校的舆论阵地和宣传阵地，在一定意义上也承担了高校学生管理工作的文化作用力和牵引的主要任务。校园文化应当针对学生的管理工作进行分担模式的细化和目标的量化，把校园文化的特征和高校学生管理的特征融合起来，形成长期有效的文化机制，通过文化作用力的牵引，构建更有利于高校学生管理的环境、制度、办法以及主旨思想。

总之，高校学生管理的决策必须具有规范性、可操作性，能够为高校学生管理的有序健康发展做好基础建设。

（二）管理模式多样化

信息反馈管理是建立一种沟通的机制。传统信箱的方式现在逐渐被人们淘汰，通过线上的反馈渠道更方便、更合理。当信息技术来临的时候，信息就是当今最有效的资源，收集、整理和使用这些资源成为客观的需要。对于高校学生的管理模式也应该探索多元化、多样化。如何第一时间了解高校学生管理工作的问题所在、掌握学生的动态、预防学生突发事件的发生，就务必要主动地通过所有的渠道打通学生和学校之间的通道，做好风险把控，完善学生管理。

发展学生管理模式的多样性，需要通过充分领会学校和学院对于学生管理工作的指导精神，在此基础上进行分析，将高校学生管理系统的工作进行分层分级分角色。例如，按照管理工作系统中的级别可以分为学校管理、院系管理；按照管理工作系统中的角色可以分为资源管理、专业管理、学生信息管理、业务管理以及信息反馈管理等；按照管理工作系统的层次可以分为校园管理、校外社会管理等。

（三）管理手段信息化

合理运用现代化信息技术的科技手段是提升高校发展决策的科学性，提升服务效率，实现资源共享的新趋势。高校学生的管理应该与时俱进，推进行政管理信息化建设，善于运用信息技术这一先进的管理手段，高效、便捷地开展工作，提升行政管理效能。

学生数量的激增，给高校管理工作带来了很大的压力。如果还停留在过去的工作方式，工作不能与时俱进，必然不能更好地服务学生，更无法有效地实现我国成为教育强国的目标。海量的学生信息既是工作的压力，又是宝贵的资料数据。通过大数据的分析，可以为学生信息管理提供有效的支撑。高校学生信息管理工作有奖学金管理、贫困生认定管理、勤工岗位申请管理等板块，更加优化了工作流程，比如贫困生的认定，不再需要个人提交申请，更不需公开个人贫困情况。避免了一些性格内向的学生，由于以往不人性化的处理，从而影响学生性格扭曲的可能。

大数据时代的来临，不仅为信息系统带来了挑战，同时也带来了机遇。大数据时代下的数据是海量的，信息系统每天所要处理的数据也是海量的。如何把大量的数据进行合理的处理将成为信息系统的一个难点。在这样的背景下，就要求我们能够对信息系统进行更加良好的设计。

我国制定了科教兴国的战略，高校教育是其中重要的环节。在当前环境下，为了培养更好的学生和争取更好的教学质量，同步提升国际化教学水平和管理水平，许多高校都在调研和借鉴先进的发展方式，其中学生管理工作的优化和提升关系到高校教学水平的提升。在信息化概念推广的过程中，数字化高校也得到了大多数高校的认可，高校积极地探索符合本校发展要求的学生信息管理模式。通过软件和硬件相结合的方式，不断地研发，形成一定规模的信息化建设基地。

（四）管理队伍专业化

据调查表明，从事高校学生管理的工作人员大多数来自不同的岗位，拥有不同的专业背景，且他们之中"双肩挑"的现象非常普遍，即不但担任党政工作还承担着教学、科研任务。但在实际的学生管理中，他们之中绝大多数没有接受过心理学、管理学、教育学方面的培训，缺乏现代管理理念、管理方法，与之相伴随的管理能力也很欠缺。仅仅凭借之前的经验和良好的期望从事学生管理工作，其管理能力不能适应目前高校学生管理队伍建设和发展的要求，这使得高校学生管理没有达到理想的效果。

加强学生管理的专业化水平，需要考虑以下问题：首先，是学生管理工作的特点即综合性强。因此学生管理工作的所需能力，除了最基础的能力和素质，还要与多项不同领域的学生管理工作相对应。其次，是从长远来看，学生管理的未来必将走向专业化，所以在综合性的基础上，还要考虑对职业发展高级阶段的专门能力和标准。

基于以上考虑，高校学生管理工作专业能力框架可以从基础能力、专项能力和支持能力三个维度来构建。

随着时代的快速发展，任何个人、任何岗位都会不断地遇到新的挑战、新的机遇，只有不断地提升能力、完善自我，才能应对时代的挑战。高校应该着力建立完善的管理培训制度，通过培训提升行政管理人员的业务技能，进而提升学校对学生的管理效能。

高校的培训可以分为几个模块，分别为入职培训、职后培训、进修培训。入职培训即各岗位的工作人员在入职前必须进行的培训，主要包括职业道德、岗位认知、专业基础知识等方面的培训，入职培训是为了让工作人员入职后能快速地适应工作岗位的需求，有效地开展工作，这个培训必不可少。职后培训指的是员工入职之后所进行的一系列培训，这一系列的培训应该按需施教，根据不同的岗位在实际工作中已经遇到或者可能遇到的具体问题进行培训，学校在组织培训时要充分考虑到培训对象的岗位特点，根据岗位职责需要，灵活采取有针对性的方式来开展培训，培训内容也要因工作内容而异。职后培训的主要目的是强化行政人员的岗位认知，提升工作技能、调动员工工作积极性、增强员工工作满意度，使其高效完成工作。进修培训可作为对优秀员工的一种激励手段，由学校创造条件，让优秀的人员到校外甚至国外进行考察、参加进修学习，增长见识，学习先进的管理经验，为员工的长远发展和学校的人才培养打下基础。

高校的培训制度要形成长效机制，要有完善的培训体系，每年做好培训计划，不同岗位均需定期开展培训，而不是胡子眉毛一把抓。此外，高校应充分运用信息化发展的成果，采用网络互通的形式，分享先进的管理经验，在节约学习成本的同时也达到学习目的。完善的培训制度能提升员工的工作技能，进而高效地开展工作，最终为学校学生的行政管理工作服务，为实现学校的战略目标服务。

第六章 基于创新教育理念下高校教育管理手段

第一节 柔性管理理念下高校学生管理

高校职业教育的普及化在推动教育事业发展的同时,也为高校学生管理模式带来了一定的问题。本节笔者在柔性管理理念下,开展对高校学生管理方法的研究,主要针对存在的问题阐述四个方面的观点:一是引入"三位一体"学生管理理念,以学生个性化发展为管理的主线方向,协助高校学生健康成长;二是建立学生个体差异引导机制,培养学生的创新性思维,提升高校学生管理工作的效率;三是搭建学生与高校之间的交流平台,为学生与高校管理者提供交流渠道;四是应用多种形式,做好学生心理辅导工作,完成管理方法的创新研究。

一、柔性管理理念在高校学生管理中的应用

柔性管理理念是现代化教育中新兴的学生管理方法之一,该方法针对学生心理及生理两方面的特性,以尊重学生的个性化发展为前提,对学生的思想建设加以补充,起到提高学生群体之间凝聚力的作用。区别于其他强制性学生管理方法,柔性管理理念可以提升学校管理的说服力,让学生自愿听从学校的安排。学校进行学生管理的主要内容包括:学生的心理健康建设,以学生的自主理念为中心,将家庭、高校等外部对学生的期待转换成学生自身前进的动力。为此,对柔性管理理念进行研究,具有极强的现实意义。

柔性管理方式具有多样性的特点,其主要针对的学生群体为具有自主独立思想的"00后"学生,在管理中使用谈话、感化、关怀等方式,让学生切实感受到教

师对学生的关爱与包容。

柔性管理理论虽然在一定程度上推动了高校学生的进步，但因为社会环境的快速变迁，仍存在一些问题有待解决，主要表现如下：

1. 柔性管理理念与高校传统的教学观念不匹配，在管理学生的过程中，为了提高教学活动的效率，通常根据教学大纲的规定而采用知识点灌输式的管理方式，无法真正做到以学生为本。

2. 学生之间个体差异过大，教师无法根据教学情况判断学生的实际情况，进而无法掌握学生发展与社会进步之间的矛盾。

3. 调查数据显示，部分学生在校学习期间，向教师反馈的问题未得到解决。

4. 由于学习压力过大且管理方式存在问题，学生极易出现心理方面的问题。

二、柔性管理理念下高校学生管理方法的创新研究

结合高校学生管理事业的发展现状，在柔性管理理念下，从四个方面开展高校学生管理方法创新的研究。

（一）引入"三位一体"学生管理理念

为学生营造良好的学习氛围，是高校管理学生的根本。柔性管理理念要求高校在实施学生有序管理的同时，以学生的个性化发展为主线，强调以学生为本，坚持自身发展的主体思想，随时关注学生所提的要求，将高校教育、校园服务及管理三者融合。提高教师对学生的了解程度，让"三位一体"学生管理理念深入管理者内心。

"三位一体"学生管理理念要求教师及管理者在管理学生的过程中，降低自身的感情倾向，拉近与学生之间的距离，营造师生之间良好的交流氛围，转换师生之间的关系。教师在学生管理中要起到一定的引导作用，能根据学生的实际需求，为学生提供帮助，以达到有效管理学生的最终目标。柔性管理理念不仅要求管理者起到为人师表的作用，同时要求管理者担负起一定的管理责任。要求管理者整合信息技术在高校管理中的应用，将被动转换成主动，处理好学生学习与实践之间的关系，

有利于帮助学生实现由学校到社会与岗位的无缝接轨，提升学生的服务能力，提高学生与岗位的契合程度，推动教育事业的发展。

（二）建立学生个体差异引导机制

创新管理方法要侧重于关注学生之间的个性差异，将学生管理的侧重点落实到教育工作中，对经济困难的学生给予一定的关心；同时完善学生差异引导机制，定期开展学生谈话，了解学生的实时动态，做好学生的思想政治引导工作，保障学生在良好的环境下成长。在学生发展多元化原则下，实施分区学生管理制度，确保学生受到公平对待。完善管理者的顶层结构，按照校园团委、党委建设模式，搭建校园学生培养机制，完善班级干部聘选流程与学生互评机制，采用过程评价方式代替结果评价方式，有助于学生的全方面发展。培养学生的创新性思维。要以健全学生人格为管理的主要方向，关注学生在个性化发展中存在的问题，将存在的问题进行合理化分区，划分高校管理目标、学生自身管理目标，根据目标划分结果，采用不同方式对学生实施多元化的管理，进而起到强化关注学生个体差异的作用，促进教育事业综合管理目标的实现。

（三）搭建学生与高校的交流平台

柔性管理理念，主要是指在满足学生个性化发展的前提下，对学生群体实施规范化的管理。由于传统的学生管理方法未解决学生对高校提出反馈意见得不到处理的问题，笔者将采用搭建学生与高校交流平台的方式解决这一问题。一方面要采用定期开展班会的方式，促进学生与教师之间的交流，有助于教师实时了解学生的发展动向，在管理者的管理基础上，采用开展多样式班会活动的方式，传播校园管理文化。另一方面要利用高校官网或校园微信公众号，搭建学生与高校管理者直接交流的渠道，学生经过一段时间的管理后，对管理中存在的问题，可向管理者提出疑问，同时可以使用发送电子邮件的方式将问题传送到校园网站中，高校在网站上配备管理教师24小时向学生提供帮助，为学生解答疑问。

（四）管理部门要及时做好学生心理疏导工作

基于当下教育事业的快速发展，学生的心理健康问题成为高校学生管理的重点。高校管理部门要对学生在校学习期间产生的一系列社会行为实施综合评估，分析学生是否适应当下教学环境、自身与专业发展是否存在冲突、是否可以妥善处理人际关系、是否存在就业压力等。高校管理部门应联合心理健康专业辅导教师，通过开展心理健康课程，提高学生的心理抗压能力，优化学生的心理素质，有利于开发学生的潜能，提高学生的外界环境适应能力。与此同时，要开展以"大学生心理健康"为中心思想的专题教育，实时掌握学生的心理发展动向，对学生开展有针对性的心理治疗，全方位普及心理健康教育。另外，学校应定期在校发放大学生心理健康调查问卷，使用问卷调查的方式，筛选出心理出现异常的学生，利用课下或休息时间邀请学生到高校心理健康辅导室，对学生实施进一步诊断。由专业的心理健康医师与学生详谈，根据学生的实际学习情况，判断学生心理健康异常的类型，并及时采取有效措施为学生树立正确的发展观，促进管理目标的实现。

由于高校育人模式不同，其校园管理的方式也有所不同。笔者基于柔性管理理念，进行高校学生管理方法研究。虽然研究在笔者所在学校学生管理工作中已经取得了一定的成绩，但是目前高校学生管理的有效方法尚在完善之中。在后期研究中，笔者认为仍需要以学生的个性化需求为管理主线，建立好学生档案资源库，对于出现问题苗头的学生可及时抽调档案，给予教育管理，在引导发挥学生"自主教育"的同时，促进教育管理工作的不断革新。

第二节　新公共管理视角下民办高校教育

对新公共管理视角下的民办高校教育进行分析，可以认识到民办高校教育中存在的限制性问题，总结民办高校教育中的创新策略，核心目的是在教育体系完善中进行管理方法的完善，提升民办高校教育的教学效率，促进教育管理目标的稳定发展。

在教育体系改革的过程中，高等院校中的学生管理工作成为院校关注的焦点内容，通过对学生事务管理及服务理念的分析，可以逐渐提高学生的学习能力、动手能力以及创新能力，展现团队合作竞争力，实现对学生综合素养的培养，为现代教育体系的改革提供支持。通过新公共管理教育体系的融入，可以解决社会经济发展中的限制性因素，解决教育中存在的限制性问题。所以，民办高校在发展中通过新公共管理理念的融入，可以将政府及公共事业的管理工作作为重点，展现现代经济学及工商管理理论的价值性，促进现代管理工作的稳定创新。民办高校在对学生进行管理的过程中，通过对公共管理理念的构建，可以提高对人才培养的认识，通过公平、公正服务理念的创设，进行民办高校管理工作的改革，展现新公共教育背景下学生管理工作的价值，为教育院校管理工作项目创新、管理方法创新以及学生事务工作的构建提供支持，满足现代民办高校的发展需求。

一、新公共管理的基本思路

对现代化公共管理工作的研究分析发现，在教育体系改革的过程中，通过新公共思维的运用，可以逐渐改变以往的行政管理方案，满足现代教育体系的创新需求。研究还发现，在传统高校教育管理工作的构建中，过分强调等级原则，并通过计划及直接控制，强调民办高校的管理职能，会导致学生对高校失去信任，从而降低民办高校管理工作的有效执行率。通常状况下，在新公共管理工作分析中，基本的思想方法包括：第一，构建专业化的管理理念。通过民办高校新公共专业管理理念的确定，可以实现对教育体系的稳定改革，并保障管理工作的有效性，为现代教育体系的转变提供支持。同时，在民办高校管理技能优化中，通过管理职能的确定，可以实现不同组织及各个部门之间的稳定协调，展现公共管理方案构建的核心价值。第二，明确绩效评价机制。在新公共管理体系创设中，应该通过组织管理及变革理念的创设，进行绩效评估方法的完善，并通过对工作绩效评价目标的创设，进行测定指标的创设，明确绩效评价工作的价值，满足现代工作体系的稳定创新要求。第三，重视产出项目的规划控制。在新公共管理体系整合及创新的过程中、院校产出及结果确定中，应该强调管理工作的价值，并通过公共服务及绩效评价结果的构建，明确项目预算整合价值，展现教育管理工作的整体价值。第四，在新公共教育背景下，注重强调竞争意识。院校在新公共管理体系下，应该建立良好的竞争机制，在竞争创新中，应该将教育管理作为重点，缩小院校的管理开支及成本，促进现代教育体系的良好发展。

二、民办高校教育中存在的限制性问题

（一）高度集中管理中的行政管理

伴随着民办高校教育体系的管理创新，其行政管理理念得到了稳定的发展，但是，在高校教育体系的背景下，其作为高度集中的行政管理模式，通过管理方法的明确，可以充分满足现代教育的基本需求，并展现行政管理工作的基本价值。在高校招生管理及培训体系整合中，并没有发生明确变化，在教育组织及教育管理中，存在着教育模式的限制性问题，导致高校教学模式单一，组织体系缺少专业化的行政管理机制，限制院校管理工作的稳定创新。

（二）高校教育中政府角色的多样化

在我国高等院校管理体系确定中，主要将政府、管理者以及办学者作为主体，通过对民办高校管理方法的严格性构建，实现行政管理、直接干预工作的创设。在政府职能发挥的过程中，应该通过多元角色的构建，提高院校管理工作的核心竞争力，但是，在多元角度的引导下，政府的多元化角色会直接影响院校工作的主动性，降低工作执行的基本效率，导致政府部门的负担加重，同时为民办高校自主管理工作的创新带来限制。

（三）市场机制作用较小

在市场机制运行的背景下，我国高校教育的规模逐渐扩大，院校的管理主体也呈现多元化的发展。民办高校运行中需要多渠道的经费支出，针对这种现状构建了民办高校教育中的调节机制，但由于高校教育的人才培养并没有满足市场的发展需

求,导致专业人才相对匮乏,限制了人才培养的价值性。因此,在市场机制的确定中,应该通过管理职能的有效确定,进行教育体系的改革,并满足民办高校管理工作的创新需求。

三、新公共管理视角下民办高校教育创新策略

(一)明确科学发展理念,创设教育创新策略

在新公共管理视角下,民办高校为了改变以往的高校教育理念,应该积极贯彻科学发展理念,并针对民办高校教育发展状况进行教育策略的创新,在教育体系管理优化中应该做到:第一,强调"以人为本"。为了实现科学发展的观念,应该将"以人为本"作为核心,即在教学管理中尊重学生、教师的主体性,将管理工作作为重点,充分展现管理工作的价值,并将教育事业的指导作为核心,强调"以人为本"及以学生为基础的教育目标,注重学生的综合发展,促进学生的稳定成长。第二,明确全面协调的管理机制。在科学管理的背景下,应该通过对社会政治、文化、生态内容的分析,明确企业的整体发展,并通过统一协调及有效规划,进行教育体系的改革创新,积极引导高校教育事业的创新,促进民办高校管理方案的稳定创新。在民办教育机构中,为了实现院校的全面发展,应该在强调院校硬件建设的基础上,提高院校的软件建设,从而实现对民办高校学生的综合性培养。在全面发展的背景下,可以逐渐提高民办高校教育的整体水平,并积极推动民办教育评判及检验的创新,协调教育发展,展现新公共视角下教育管理的核心价值。第三,促进民办高校教学管理的可持续性。在教育体系改革的背景下,民办高校为了充分展现新公共教育内容的价值,应该将可持续发展观念作为重点,坚持科学发展观,通过对民办高校管理创新,促进管理工作的稳定构建。

(二)完善政府服务理念,展现民办教育特点

在经济体系改革的背景下,政府作为市场经济发展中的主体,可以为教育事业提供服务。在社会资源分配背景下,知识、学历逐渐成为涉及人们生存的主要问题,

对于一个接受良好教育并获得学习机会的人而言，通过探索可以展现自身的地位，展现自身的社会价值。通过对新公共管理理念的分析，在民办高校发展中，政府部门应该创造宏观经济，保障经济体系的稳定性，积极促进教育及基础建设的发展，避免不平等现象的发生。

（三）强调社会舆论，加强民办高校工作创新

伴随着新公共管理理念的创新，民办高校应该认识到传播媒介信息的多元化。在社会大众接受舆论分析中，舆论内容存在着盲目性的特点，主要是由信息爆炸时代及信息以假乱真导致的。民办高校在这种背景下，若遭到媒体及舆论的传播，会面临较大的损失。在法律监督及社会团体工作引导中，政府部门需要积极发挥职能，通过对社会监督工作的整合，进行民办高校管理方法的创新，通常情况下，在强调社会舆论中应该做到：第一，民办高校应该积极主动地接受媒体及社会群众的访问，正面回答问题，勇于接受社会的监督。通过对民办高校形象、事迹的主动宣传，可以提高群众的信息接收能力，通过积极强调工作的正确性，引导舆论，形成自我推介的发展模式。由于新闻舆论及群众舆论作为监督民办高校的双刃剑，民办高校应该在信息化的时代背景下，提高对相关内容的认识，保证民办高校运行的稳定性。第二，在舆论监督的背景下，需要借助社会组织、社会机构等，进行民办高校工作的整合。例如，通过与银行、担保机构以及相关企业的合作，实现对民办高校的监督，在社会监督工作中，也可以通过与社区组织、教育联合以及学生联合等，进行社会公益事业、社会进步事业的组织，满足民办教育的发展及协调机制，发挥社会中的监督引导职能，改变民办高校的传统发展理念，及时更新观念，充分发挥社会监督职能。通过多种公共管理资源的运用，可以逐渐提高民办高校教育管理创新的价值，展现民办高校管理工作创新的核心竞争力，为民办高校的稳定发展提供支持。

在现阶段民办高校管理体系革新中，为了实现新公共管理理念的引导，应该强调管理工作的创新价值，展现教育工作的价值性，促进教育体系的稳定创新。同时，民办高校应该认识到教育中存在的限制性问题，结合新公共管理理念进行教育改革，

通常情况下,应该通过科学发展观、政府引导以及舆论引导等,进行教育体系的改革,展现新公共管理工作的价值,促进教育体系的稳定革新。

第三节 新时代创新高校教育精细化管理

中国高校教育每年输出的人才数量呈现出较大规模的增长,但人才的培养方向、优秀人才的数量等与真正的需求之间存在着明显的结构性矛盾,直接影响到高校教育人才供给职能的高效实现。基于此,有必要对新时代高校教育的精细化管理问题进行有针对性的深入研究。高校教育向普及化和纵深化方向发展、面临的主要矛盾发生变化、逐步迈向世界一流,这是新时代高校教育管理工作所出现的新特点。当前,高校教育精细化管理工作中存在缺乏科学且有效的执行标准、协同性较差和缺乏有效的保障性措施等问题。在新时代背景下,创新高校教育精细化管理工作的策略是:建立和完善高校教育精细化管理体系、加强协同机制建设、建立和完善保障体系。

随着中国特色社会主义进入新的发展时代,高校教育所处的发展环境、面向的发展对象等都发生了一定的变化。从高校教育发展的实际情况来看,高校教育在人才培养的数量方面有了明显的提升,全国高校毕业生的数量从 2001 年的 114 万人增长到了 2023 年的 1158 万人;从高校教育人才培养的质量方面来看,高校教育对社会发展人才需求的敏感度和适应度正在不断提升,能够紧跟社会发展的需求来进行人才培养的自我调整与完善。但需要看到的是,目前高校教育在一些高科技、高素质人才供给方面仍然存在较大的缺口,一些热门领域的人才需求很难得到有效满足。因此,高校教育内涵式的发展需要着眼于教育的精细化管理方面,通过对教育目标和教育过程的精细化管理来提升高校教育发展的质量。

一、新时代高校教育管理工作的新特点

习近平总书记在党的十九大上明确了中国特色社会主义建设进入新时代的论断,这标志着中国特色社会主义建设事业已经逐步迈入新的阶段,各项事业的发展

也面临着诸多新形势和新问题。对于新时代的高校教育管理工作来说，其所表现出来的新特点主要有以下三方面。

（一）高校教育所面临的主要矛盾发生了变化

主要矛盾是制约高校教育良性发展的关键，也是衡量高校教育发展情况的重要参考指标。随着我国社会主要矛盾转化为人民日益增长的美好生活需要和不平衡不充分的发展之间的矛盾，高校教育管理工作所面临和需要解决的主要矛盾也逐步转向人民日益增长的对公平优质高校教育的需求与其发展不平衡不充分之间的矛盾。随着中国在校大学生规模的不断扩大及高校教育所面向对象的多样化，如何通过高校教育的改革和完善来有效解决人民群众对教育优质化、公平化和科技化发展的需求，是当前高校教育发展所需要重点解决的问题，也是影响高校教育在提升人民群众教育方面的成就感和幸福感的重要因素。同时，人才的专业化和素质化发展也使得传统的较为单一的教育模式的滞后性愈加突出，在这种情况下，高校教育所面临的问题和矛盾更加突出。

（二）高校教育向普及化和纵深化方向发展

改革开放尤其是进入 21 世纪以来，中国高校教育得到了快速的发展。通过 2016 年教育部高校教育评估中心发布的《中国高校教育质量报告》中所披露的相关数据可以看出，无论是从在学总规模的绝对量还是高校教育毛入学率的相对量方面来看，中国高校教育的发展情况是迅速的，高校教育逐渐由大众化向普及化方向发展，高校教育的入学门槛和教育质量都得到了一定的改善，高校教育的普及率得到了大幅提升。

除了普及化的发展，近年来的高校教育在专业化、技能化人才培养的质量与数量方面也得到了快速的提升，为中国特色社会主义建设事业的顺利开展提供了大批优秀的人才支撑，助推互联网、大数据和人工智能等产业的专业化和纵深化发展。

（三）高校教育逐步迈向世界一流

高校教育作为国家教育事业发展的实力展示内容之一，是衡量一个国家综合实力发展情况的关键指标。为了提升高校教育的发展质量和水平，近年来党和国家逐步提出和完善了世界一流大学建设的目标和指导方针，从硬件和软件两个方面加大对高校教育一流化发展的支持。例如，在2010年到2014年的5年时间中，全国高校的固定资产总值增长了42.15%，其中教学和科研仪器设备资产总值增长了57%，一些"985"院校的硬件设施已经达到世界一流水平。[①] 同时，国家通过构建优质的高校教育质量保障体系来指导高校自身的内部质量建设，逐步发展成为专业化与多样化相结合的高校教育办学模式，为国家社会经济的发展提供了大批优秀的人才。

高质量的发展模式和优渥的发展土壤不仅培养了具有中国特色的社会主义发展人才，而且吸引了越来越多的国外高精尖人才的加入，提高了国家高校教育发展的质量和水平，提升了高校教育的开放性。当然，一流的高校教育不仅局限在高水平的技术和能力方面，还需要注重人才内在文化素养和人文精神的打造，打造具有大国气质的工匠精神，这也是新时代高校教育发展和管理工作中的一个突出点。

二、制约高校教育精细化管理的问题

通过上述对新时代高校教育及其管理工作所出现的新特点的分析可以发现，当前的高校教育在培养实力和培养对象方面都发生了明显的变化，高校教育在国家和社会发展中的重要性日益凸显。正是基于高校教育快速、稳定及优质发展的需要，高校教育精细化管理的课题逐渐成为研究和实践的重点。高校教育精细化管理发展思路自提出以来得到了普遍的认同和接受，在各高校的日常管理与发展工作中发挥了极大的作用。然而就当前中国高校教育精细化管理工作的实际开展情况和成效来看，仍然存在诸多制约管理效果提升的因素，这也是新时代创新高校教育精细化管理工作所面临的重大挑战。

（一）高校教育精细化管理缺乏科学、有效的执行标准

就当前高校教育管理工作的实际开展情况来看，虽然教育主管部门和高等院校

---

① 教育部高等教育教学评估中心：《中国工程教育质量报告（2013年度）》。

管理者普遍认识到精细化管理对高校教育工作发展的重要性和必要性，并通过各种精细化管理的文件、政策和制度来加以细化，但是这些精细化管理的思路和方法在基层和一线执行的过程中由于思想层面的重视度和认可度的偏差，以及缺乏明确的执行标准而导致工作落实效果弱化。目前，中国多数地方性的高等院校往往将日常管理工作的重心放在办学规模和硬件设施的建设方面，对高校教育精细化管理方面的重视度和参与度普遍不够。例如，一些院校在资源分配方面存在不公平的现象，将过多的资源投入优势学科，而那些选修率和就业率比较低的学科则难以获得足够的师资和硬件支持，导致高校教育发展呈现出明显的差异化。

从高校教育精细化管理的具体实施来说，缺乏必要和全面的考核与监督体系，导致高校的管理者和实施者在执行相关规定时难以全身心地投入其中，多数情况下抱着试试看的态度来勉强执行。在精细化管理实施的效果方面，高校教育主管部门和高校管理者只能够通过书面的报告来大致掌握管理工作的实际开展情况，缺乏科学性和准确性的调研，导致精细化管理工作在开展过程中出现走弯路的现象。

（二）高校教育精细化管理工作的协同性较差

由于高校教育管理工作自身所具有的高复杂性和多元化主体参与的特点，高校教育精细化管理工作的有效实现面临着较大的挑战，需要对不同部门和人员的工作进行高效的协调。就当前高校教育精细化管理工作的具体实施而言，一些高校通过流程精细化管理、科研精细化管理、财务精细化管理、后勤精细化管理及就业精细化管理等模块的创新与尝试取得了较好的成果。但是在学校教育精细化管理的综合性和协同性等方面则表现得相对比较弱，一些跨部门、多成员参与的精细化教育方案在实施中存在着明显的信息和执行鸿沟，导致预期的教育精细化管理成果无法实现，制约了高校教育整体工作的精细化发展。例如，高校教育和科研工作发展所需要的社会人才需求信息无法准确且及时地从招生就业部门获得，从而导致教育精细化工作的实现缺乏足够的科学性和合理性。

(三)高校教育精细化管理缺乏有效的保障措施

对于高校教育管理工作来说，精细化方向的发展并非一件简单的事情，需要坚持与时俱进和多措并举，需要通过对各方面的工作进行有效的整合和细化来提升教育管理工作发展的效率与效果。就当前高校教育管理工作的实际开展情况来看，虽然多数院校能够根据各级教育主管部门和自身的实际情况制定相应的精细化管理方案，并将精细化管理思想融合到日常的教育教学工作中，但是在精细化管理的执行方面缺乏完善的保障体系，导致一些在执行过程中的不确定性因素阻碍了精细化管理工作的开展，造成管理工作效率和效果难以有效落实。

三、创新高校教育精细化管理的策略

上述高校教育管理工作开展过程中存在的、制约精细化管理工作开展的问题，需要借助相关的有效创新思路和措施来加以有效解决，从而为新时代高校教育精细化管理工作的高效开展提供强有力的支撑。

(一)建立和完善高校教育精细化管理体系

高校教育精细化管理是基于一定的规则和制度逐渐形成的一种教育方式，因而完善的精细化管理制度体系是实现高校教育精细化管理的前提和基础。首先，从制度层面来看，各级高校教育主管部门要充分认识和尊重高校教育管理工作规律，以高校教育、高校和学生为基础来科学设计和组织精细化管理工作，能够根据新时代高校教育管理工作的新特点来提高对精细化管理工作的重视度，通过科学的方针政策来为高校教育管理工作的发展明确方向。其次，各高校要结合本校新时代高校教育管理工作开展的实际情况和相关的教育发展规划，明确各个职能部门和二级学院的精细化发展任务和目标，借助明确的量化指标来对教育精细化管理工作的实施情况进行准确的掌握和反馈，对高校教育精细化管理工作开展过程中存在的问题进行深入的挖掘和分析。再次，处于一线的教育管理者和参与者要结合教学专业和教学内容的实际情况制定科学有效的教育发展计划，将教育管理工作细化到自己的日常工作之中，并进行适时的创新和完善。最后，高校教育主管部门和高校要根据情况建立精细化管理领导小组，将高校教育精细化管理工作目标进行量化分解，明确各个职能部门的职权，并将其精细化管理工作完成情况纳入年度评优工作之中，对精细化管理工作中所暴露出的明显问题进行责任追究，强化高校教育精细化管理工作的重要性，同时要引入监督机制，借助有效的监督体系来提升高校教育精细化管理相关政策、制度的执行效率和效果。

除了管理制度与规范体系的建设，还要注重对高校教育精细化管理创新体系的建设，注重高校教育管理工作的与时俱进。一方面，教育主管部门和高等院校要结合精细化管理工作的实际，系统、全面和客观地把握当前制约高校教育精细化管理工作深入推进的不良思想和行为，提升精细化管理体系的开放性和时代性；另一方面，高校教育精细化管理工作参与者要大胆摒弃传统粗放式管理思想和行为，敢于制定出先进且科学的精细化管理制度和方案。

（二）加强高校教育精细化管理工作的协同机制建设

高校教育的快速发展使得教育管理工作的开展需要多方面共同参与。针对当前高校教育精细化管理中存在的协同性差的特点，需要进行多方面的强化和创新，借助相应的手段来增强各职能部门和人员的协作意识和能力。首先，高校教育主管部门要充分发挥自身的教育精细化引导职能，借助相应的信息化平台来对高校教育精细化管理过程中的成功经验进行共享，督促和指导各高校制订新时代高校教育精细化管理的计划，实现高校教育的区域化和一流化建设。其次，高校尤其是地方性高校要结合自身的教育教学工作实际情况和自身的教育发展定位将高校教育发展任务进行量化和分解，使各个部门和人员都能够对自身的工作职能及其重要性有一个清晰、准确的认识与认同，将精细化管理的思想和方法切实贯彻到每个人的日常工作之中。最后，高校要增强部门之间和人员之间的协同性，借助校园信息化网络平台来提升精细化管理的信息披露、共享和反馈机制，构建闭合的精细化管理系统。

（三）建立和完善高校教育精细化管理保障体系

所谓保障体系，是为了保证高校教育精细化管理目标能够在复杂的情况下得到良好实现而采取的相关问题的应对机制。就当前高校教育精细化管理工作的实施来看，保障体系的建设需要各个参与主体给予足够的重视和落实。首先，各级教育主管部门应对新时代中国高校教育管理工作所面临的宏观形势和挑战有一个客观、全面和清晰的认识，对高校教育精细化管理发展的复杂性进行科学研判，据此制订相应的稳妥且有效的精细化发展方案，并对其在实施过程中可能遇到的问题及问题解决机制进行明确，保持谨慎。其次，高校要对新时代高校教育在教学与科研方面所承担的职能和发挥的作用有一个准确的把握，对本校在高校教育发展中的方向和路线进行重新定位，结合各方面的综合情况来制订精细化管理方案，并对具体实施过程中可能遇到的困难有一个预测，制定常态化的精细化管理应急机制，保证精细化管理目标的有效实现。

要建立和完善高校教育精细化管理保障体系，就要明确保障体系的"保障"职能。凡是能够确保高校教育精细化管理工作深入推进的方法和策略都可以纳入实践中去尝试。例如，针对一些日常教育管理工作中的先进经验或者案例，可以借助相应的公共平台来加以推送和宣传，以充分发挥优秀经验以点带面的重要价值。同时，要注重对高校教育管理工作的各职能部门和人员的表现进行科学的考核，对于那些在高校教育精细化管理实践中表现优秀的部门和人员给予相应的奖励，发挥模范标杆的作用。

高校教育作为高层次人才培养的重要工作内容，对新常态下经济社会的高质量发展有着基础性的影响。在中国特色社会主义建设进入新时代的情况下，高校教育管理工作也出现了一些新的特点，面临着一些新的情况，这些因素促使精细化管理思想和方法成为现代化高校教育管理工作开展的重要方向。对当前高校教育精细化管理工作中存在的执行标准不科学、管理工作协同性差和缺乏行之有效的保障体系等问题，要从高校教育发展的深层次规律着手来寻求相应的解决机制，切实保证高校教育精细化管理目标的有效实现。

第七章　高校教育教学创新实践研究

第一节　以人为本推进高校教育管理创新

创新教育管理模式是推动教育事业更好地发展的保障。"以人为本"的管理理念顺应了当代社会发展趋势，将其运用到高校教育管理中，对教育管理的创新与发展具有重要的意义。为此，笔者以"以人为本推进高校教育管理创新"为题，从开展以人为本推进高校教育管理创新的原因入手，对其实现以人为本推进高校教育管理创新策略进行了深入探究。

一、开展以人为本推进高校教育管理创新的原因

高校教育管理是高校工作的重要组成部分，对于促进高校发展、给学生创造一个更和谐、更有序的生活和学习环境中扮演着极其重要的角色，而要实现推进高校教育管理创新，首先应该保证能够坚定不移地以科学发展观为理论指导，并且始终坚持"以人为本"的教育理念，这样才能真正达到教育的要求。

"以人为本"是高校教育管理的根本诉求。"以人为本"的理念早已被提出，要想坚定不移地落实科学发展观，必须达到以人为本的核心要求，并且意识到为人服务、对人有利才是发展的根本目的和基本要求，还要保证所取得的发展成果能被人享有并且惠及全人类。高校是有计划、有组织并且能够开展系统性教育工作的机构，其目的就是为社会的发展提供保质保量的人才，以教育促进社会发展，同时让社会的发展为教育提供教学指南。与社会上的企业相比，高校教育是一种为教书育人而设立的机构，其不以营利为目的，却对学生有一定的要求，要求他们能够遵守

相关的规章制度。因而高校的教育者不仅要掌握扎实的理论知识、教学技能和专业技能等，还必须具备高尚的职业道德操守，要尽可能地拉近与学生之间的距离，实现与学生心灵上的交流和沟通。在高校领导、教职员工和学生这三个层级构成的群体中，人不仅是高校开展教育活动的主体，同时也是客体，人的这种双重身份使得教育管理更应该坚持以人为本。高等学校是对所有渴望获得知识的人开展高等教育的教育机构，是培养各个行业人才的重要场所。设立高校的根本目的就是培养具有创新能力的高级别人才。为了能够使高校教育达到这一标准，必须保证师资力量，这样才能保证所培养出的学生符合高级别人才的需要。"教授"与"学习"都是一种很花费时间和精力的劳动方式，既需要相对自由的学术氛围，又需要教学环境有一定的宽容度，从而满足人文主义式的管理要求。

以人为本才能满足高校教育管理的实际需求。多年以来，我国很多高校都致力于实现"以人为本"管理理念的要求，不断积极探索现代化教育管理模式和机制，从目前的情况来看，已经取得了初步成效，但以人为本开展的教育管理工作并未从本质上使问题得到解决，人性缺失现象还较为突出。产生这种现象的原因主要有三点：一是教育管理目标不够完整。实际上，很多高校管理者经常讨论的话题不外乎教学评估、如何升格、申请硕士博士以及争创名牌等，将教学管理的重点都放在了设备更新与维护、多媒体教室的建设和食堂、操场建设等问题上，对"人"的问题关注得非常少。不可否认，这些问题都属于高校发展中的重要组成部分，但是相较于学生、教师这些主体而言，高校所开展的其他工作就相形见绌，应该放在"人"之后。以人为本的重点在于对人的尊重，学会换位思考和理解他人，才能依托于对人的全面管理来实现高校的稳步发展。二是教育管理体制和机制行政化。高校是一个以教育为目的的场所，不是政府机关，在开展教育管理工作时要认清这个问题，不能让教育管理体制和机制朝着行政化的方向发展。很长一段时间以来，受计划经济体制的影响，我国高校教育管理一直遵循着自上而下的直线式管理，强调的是上级领导下级，同时进行统一指挥，要求绝对服从，甚至存在以行政性管理替代学术性管理或者弱化学术性管理的趋势。当前高校的这种教育管理现状，使得教育管理不仅不能充分体现出各层级教学组织的价值和意义，而且也很难调动教师工作的积极性和学生学习的热情。三是教育管理制度呈现僵化的特点。很多高校在开展教学的过程中逐渐形成了一整套涉及教育管理的规章制度体系，在改善教育管理工作方面发挥了一定的作用。然而，由于受到这些条条框框的影响，教师在真正想对教学工作进行改革创新时会受到很多限制，不利于教育创新的实现。不仅如此，在这种制度体系的约束下，教育教学活动展现不出活力，从而使整个教育管理工作的效果受到影响。

二、实现以人为本推进高校教育管理创新策略

要想真正地实现以人为本推进高校教育管理创新的目标，就必须清楚地认识到"以人为本"教育管理理念的重要性，逐步强化"以人为本"的管理理念，探寻更为人性化的管理模式，并且及时构建服务型的管理队伍，从而为教师和学生提供更高质量的管理服务，满足他们的实际需求，促进高校健康发展。

探寻更为人性化的管理模式。要探寻更为人性化的管理模式，应该满足一定的要求，首先，弱化行政功能，强化学术功能。高校是开展教育的场所而不是办公的场所，所以应该有意识地淡化官本位和行政权力，坚持专业化的治校理念，始终维护教授在教学管理中的核心地位和核心作用，赋予他们在高校教育管理中的权利和相关权益，避免"外行人指挥内行人工作"情况的发生。其次，由独断专行向民主型转化。高校在开展教育管理的过程中要体现出民主性，不能独断专行，要保证教师能够享有基本的教学自由来开展教学改革创新工作，从而改变当前教育现状，为学生提供更优质的教学环境。最后，由被动接受型转向激励型。管理分为被动接受型和激励型。激励型管理属于更高级别的管理方式，其取得的管理效果更好，同时对管理者的管理能力要求也更高，这就要求高校能够尊重师生，不断完善教育管理规章制度，努力在原有的被动接受型管理方式上融入激励型管理因素，逐步实现由

被动接受型管理向激励型管理的过渡。

构建服务型的管理队伍。即使传统教育管理在不断发展的过程中表现出了一定的优势，但在面对现代信息化管理时仍存在一些过于烦琐、呆板的问题。身处信息化时代，高校教育管理应该以现代化教学管理理论为导向，对传统教学管理体制和机制进行改革创新，向实现教学管理现代化不断靠近。管理并不意味着压迫和绝对服从，其更倾向于一种服务性质，是以为教师和学生服务为目的的，这就要求管理队伍能够树立起"以人为本"的服务理念，在处理问题时做到热情、耐心和细致。当然，为了提高服务质量，还应该不断地提高教育管理人员的专业素养、综合素质和业务能力，增强他们的职业道德感；与此同时，还应该构建并完善教学管理人员的目标管理责任制，激励并引导教育管理人员严格要求自己，以身作则，在对师生进行管理的同时不断深化教育管理的功能。

"以人为本"作为当代社会的一种新的管理理念，顺应了时代的发展，因此，将"以人为本"的管理理念运用到高校教育教学的管理中有利于高校教育管理的创新与发展。

第二节 Web 2.0 时代高校教育教学的创新

在 Web 2.0 时代，学习已不是传统课堂学习模式，而是建立在互联网技术手段基础上的广阔范围的学习。本节旨在探索如何在开放式的社会化网络条件下构建教学平台和教学模式，并根据实际操作过程中存在的教学方法的滞后、学习方式的困惑、硬件设施和网络资源建设的薄弱等问题，提出高校要更新观念，加强培训，提升信息应用的整体能力；搭建移动学习平台，构建评价和控制体系；加大投资力度，推进校园数字化建设的改进措施。

近几年，随着被称为 Web 2.0 的新一代互联网信息技术的不断发展，以信息化为特征的教学环境的构建和教学资源的建设，正不断改变着传统高校教育教学的思维、观念和方法,以教师、课堂、书本为"三中心"的传统教学模式被广大教师和学生质疑。教师不但要传授学生以知识,还要给予学生以自主学习能力,学生也逐渐由过去单纯的信息接受者和使用者,转变为信息的传递者和创造者。为适应这种高度共享信息化资源的变化趋势,传统的教育教学模式必须改革,而改革的重要途径就是构建新型的信息化教育教学模式。

在 Web 2.0 环境下,网络的社会化程度非常高,博客、微博、资源分享网站、社交网络等应用层出不穷,为学生提供了极为丰富的学习资源和强有力的技术保障。在开放式的社会化网络中,教师与学生可以进行充分的交流沟通,以形成参与性、动态性的学习环境。

一、Web 2.0 时代教学理论依据和现实需求

(一)建构主义教学理念和 Web 2.0 特性不谋而合

进入 Web 2.0 信息时代以后,主张以学生为中心,强调师生交互手段的建构主义学习理论在教育教学技术实践发展中逐渐占据主流位置。构建主义理论的中心思想认为,学生的知识获取并不仅是通过教师的讲授,还应借助外部(包括教师、学生、社会)的支持,在一定的社会文化背景下,积极利用必要的技术手段,通过自身主动的学习构建获得。Web 2.0 技术可以把不同媒体、新旧信息进行整合,学生可以按照自己的实际情况选择学习内容,以提高学习的主动性、自觉性。Web 2.0 技术还有利于学生进行合作化学习。师生都可以把自己的研究成果在信息化平台上进行共享,不受时间和空间制约进行信息交流,以培养学生的合作精神和良好的人际关系能力。

(二)激发学生学习兴趣,培养学生自主学习能力

在传统的高校课堂中,学生只能被动地接受专业教师的程序化知识传授,无法选择课堂教学内容,更无法接触其他高校优秀教师、企业职业经理人的知识传授。Web 2.0 时代的互联网可以解决这个难题。Web 2.0 互联网打破了时间和空间的局

限，改变了单纯从教师或课本获取知识信息的单一格局，学生通过 Web 2.0 互联网可以获取更多新的知识，进而培养了学生能动学习和比较好地利用网络知识的本领，使其在更大范围内获取知识，拓宽了知识视野，进一步激发了学习兴趣，培养了参与意识。

（三）教学资源的共享可降低教学成本

知识传授、互动及创造活动需要多方互动，在传统的学习及知识创造场景下，需要知识传递方和接收方共同在场，因而对时间有着严格的要求。计算机网络所具有的信息容量大、信息传播快等优点，是其他教学设备没有办法比拟的。通过网络的资源共享，高校实现了低成本的知识互动，使得知识供应方一次分享、知识获取方不受时间限制的多次、多人受益；同时对场地、设备等没有额外要求，成本更低。

（四）跨越师生空间距离，链接行业直通教学

现在很多高校新校区远离市区，远离教师居住区，使得以前教师课后深入教室和寝室当面指导学生的优良传统难以坚持，但移动数字课堂利用互联网络和数字传播技术可以解决师生难以普遍化持续性当面交流的问题。数字媒体传播在新闻界和企业界的应用最为直接和广泛，通过数字媒体可以建立起连接行业资讯与专业教育的数字媒体课堂，大幅缩短了专业教育与行业实践的距离，大大加强了专业教育与行业实践的联系。

二、Web 2.0 时代教学平台设计和教学模式构建

（一）教学平台设计

教学平台是一个面向学校教务管理人员、教师和学生，为其提供服务的教学管理系统。教学平台建设与设计会促进教师改革教学内容与教学方法，引发学生学习方式变革，提高高校教学质量。笔者把基于 Web 2.0 技术的教学平台分为两大模块：教学共享资源库、互动交流系统。

教学共享资源库是一个以学习资源库和实训项目资源库为基础的共享型专业教学资源库，包括专业标准资源、IT信息资源及工具、网络课程资源、项目案例及实训资源、多媒体素材及教学视频、专题特色资源、核心能力测试题库，以数字化校园网络平台为支撑，为师生、合作企业和社会学习者提供资源检索、信息查询、资料下载、教学指导、学习咨询、就业支持、人员培训等服务。所有教师与学生均可以在网络平台上建立个人空间，实时上传教师教学过程资料、学生学习过程资料，实现教学资料的积累与共享。

互动交流系统是教学平台的主要部分，具有实现学生作业上传与批阅、师生在线答疑与交流等功能，主要包括在线交互（虚拟社区）、作业管理和在线评测等子系统。该系统为客户提供博客、Wiki、BBS、网上调查等读者交流、互动的个性空间。博客既可以系统表达自己的观点、看法，也可以浏览其他博客作者的文章，获取系统化的显性知识。微博的内容篇幅短、丰富，时间成本更低，提供了一个日常"观察""聆听"知名学者、企业家和经理人所做所思、所察所闻，通过"耳濡目染"的方式学习显性知识和大量需要观察、互动、体悟才能获得的专业性隐性知识的机会。维基百科是一个任何人都能参与、有多种语言的百科全书协作计划，通过它可以获取相关的定义、分类、描述、理论介绍等文献知识。社交网络主要是熟人之间在社交网络平台建立朋友关系，用户发表自己日常的行动、观察、思考，同时也了解朋友的行动、观察和思考。

（二）教学模式的构建

基于Web 2.0的教学模式主要有以下几种类型：

传授型教学模式。为促进学生对课程理论的理解，可以采取传授型教学模式，即把教学计划、课程内容、讲义或课件放到Web 2.0平台上，供同学下载学习，同时发布学习要求和作业，采用同步式或异步式的方法，进行课程指导，学生的参与度较高。

问题型教学模式。即教师把教学内容设计为具体的责任和任务，要求学生通过完成任务实现对课程内容的学习；教师利用博客提供课程背景资料和评价，要求学生在学习和思索中形成对问题的看法和见解。

协作型教学模式。以学习社区或团队的形式，利用共享的学习资源，教师仅起到引领作用，主要依靠学生的主动性来完成项目，最后教师给团队做出总结性评价。

自主型教学模式。即充分发挥学生的自主学习能力，让学生建立自己的博客和微博，加入学习社区，充当管理员，发起讨论，运用自己所学知识拓展自身的知识领域，完善知识结构，构建自主化的知识体系，把研究成果传入学习社区，丰富教学资源。

三、Web 2.0 时代教育教学存在的问题

（一）教师教学方法的滞后

教师由于长期采用传统的教学方法，形成了固定的教学思维定式，未能深刻理解 Web 2.0 时代的教育教学特征，只是机械地把课本的内容简单复制到电子课件上，使用多媒体进行讲解传授，没有真正实现与学生的互动，并未激发学生主动学习的热情。或者教师过于关注教学节奏，追求课堂内容的"多、快、新"，导致学生无法消化吸收课堂内容，学生在学习过程中没有自己独立思考和寻找知识的时间和空间。

（二）学生对学习方式的困惑

学生不适应新的教学平台的应用，许多学生未能掌握新的学习方法，不知道怎么使用 Web 2.0 的相关教学工具，由于缺乏自主学习和与人沟通的能力，无法把线上学习和线下学习进行有机组合，达不到预期的学习效果。虽然网络环境对学生自学非常有帮助，但是网络学习材料并没有进行科学合理的分类，大多数学生主要还是依靠教师进行课程的指导和分派任务，还不是真正意义的自主学习。

（三）硬件设施和网络资源建设的薄弱

部分高校的硬件设施不完善，环境嘈杂，监督机制不完善，校园网覆盖率尤其是无线网络覆盖率和带宽不足，使得学习效果大打折扣。另外，多媒体的使用频率过高，使得多媒体变成了 Web 2.0 教学的主角，自主学习知识反而成了配角；多媒体课堂教学也逐渐形成一种固定的 Web 2.0 教学模式，学生产生厌烦情绪。部分高校虽然积极开展网络资源建设和软件开发，但网络资源获取比较困难，且受多媒体课件制作工艺水平的制约，网络课件普遍质量不高。

四、Web 2.0 时代教学改革的对策

（一）更新观念、加强培训，提升信息应用的整体能力

面对信息技术的飞速发展，学生的需求呈现出多样化和个性化趋势，这就要求作为传道授业的广大教师必须更新教育理念，优化教学内容、课程体系、教学方法和手段，熟悉并掌握各类信息交流工具，充分利用 Web 2.0 平台与学生进行交流沟通。高校可以采取岗位技能培训、专题讲座的形式，对教师的信息软件应用能力进行培训，提高教师的教学水平；同时，也应加强对学生的信息素质教育，提升学生应用信息工具的能力，从而促进教学质量整体提高。

（二）搭建移动学习平台，构建评价和控制体系

积极采用基于云计算的数字移动学习平台，实现全天候的自由个性化学习与沟通。平台的设计可以根据学校和学生的实际情况进行选择，如利用博客、微博、BBS 等手段，让学生畅谈学习的苦和乐，交流学习资源。针对 Web 2.0 制定人才培养方案、教学实施细则、学习评价体系和教学质量控制系统，注重与传统的教学评价控制体系的融合，保证 Web 2.0 教学与传统教学取长补短，互为补充，形成一个相辅相成的有机系统。

（三）加大投资力度推进校园数字化建设

Web 2.0 教学改革离不开数字化校园建设工作，各级教育主管部门和电信通信

企业应加强对校园信息工程建设的支持。可以采取以点带面、分步实施的方法，从重点教学区域开始实现数字化网络覆盖，再推进到生活服务区，最终实现校园网络的全覆盖；在移动互联网和智能手机快速发展趋于普及的背景下，做好资源整合，利用已有的相关移动通信设备，可以随时随地登录网络，通过账户的形式实现从公共网络访问校园网络；根据使用者的主观操作和各级别用户的需要，如教师账户、学生账户、行政管理人员账户，对校园的资源和权限进行分类管理。

第三节　基于高校教学改革的教育教学协同创新

现阶段，高校教学改革仍然是教育领域不可忽视的重要研究课题。在以创新为核心的教育改革发展进程中，高校应积极探索教学发展的新形式，进而在教育教学协同创新视野下，重新定位教学管理目标，促进教育创新与教学改革创新的协调发展。高校教学创新改革发展的有效生成体现在知识观、教学策略的转变以及教育制度和教学体系创新的全过程，不仅要在教育思想、教育理念和教育方法上相互贯通，还应该渗透在课堂教学的各个方面、各个环节之中。

21世纪，随着云计算、大数据、物联网和人工智能等新一代信息技术的飞速发展和深入应用，人类已经步入信息社会和智能社会。知识经济和信息技术不仅在改变着现在的教育，同时也在塑造着未来的教育。新的时代背景不仅对教育改革发展提出了新的要求，同时也对人才培养提出了更高的目标。2015年，中共中央、国务院、国务院印发的《关于深化体制机制改革加快实施创新驱动发展战略的若干意见》明确指出"创新驱动实质上是人才驱动，要开展启发式、探究式、研究式教学方法改革试点，尊重个性发展，强化兴趣爱好和创造性思维培养"。高校是人才培养基地，因此，必须紧跟时代发展潮流与趋势，将教育教学协同创新真正作为高等教育改革的突破口和重中之重。

一、基于教育教学协同创新背景的高校教学改革发展

教育发展正面临着新机遇与新挑战。从根本上讲，高校教学改革建设就是在技术时代发展的道路上谋求"学校教育教学协同创新发展"的过程。教育教学协同创新作为一种新的教育理念，并不是独立于德、智、体、美之外的一种实体性存在，而是渗透在学校教学的方方面面，为学校的创新发展提供契机与动力。

（一）教育创新是时代发展的内在要求

教育是服务社会需要的基本制度，教育体系的演进本身具有系统性、一致性和可伸缩性的特点，它不仅应该是全面的、可持续的，而且是与时俱进、不断发展的。知识经济的时代呼唤创新的教育。"创新"一词来源于英文"innovation"，一般解释为科技上的发明、创造，后来意义发生推广，用于指代在人的主观作用推动下产生所有以前没有的设想、技术、教育、文化、商业或者社会方面的关系。奥地利经济学家约瑟夫·熊彼特首次提出创新理论。虽然熊彼特的创新理论侧重于经济发展视角，但"创新"一词的提出无疑为今后学者们的进一步研究奠定了基础。现代管理学之父彼得·德鲁克认为，创新是对既有资源和财富的重新分配，他在《创新与企业家精神》一书中提到："创新是一个过程，是一项有组织、有系统且富有理性的工作。作为企业家展现其创业精神的工具，创新本身就能创造资源，因为它能赋予资源一种全新的能力并使之成为物质财富的一种创造性活动。"[①] 高级院士 Gene Meieran 认为，创新有三种类型：一是突破性创新，其特征是打破陈规，改变传统和大步跃进；二是渐进式创新，指采取下一逻辑步骤，让事物越来越美好。三是再运用式创新，即采用横向思维，以全新的方式应用原有事物。作为人类进步的首要力量，作为社会经济发展的一种全新模式，创新在某种程度上被赋予了一种战略意义，它不仅构成了一个国家经济发展战略的支点，同时也蕴含了对创新类型、制度、组织、活动等要素的系统规划。正因为创新是建立在人们高度自觉的精神基

---

① 彼得·德鲁克.创新与企业家精神[M].北京：机械工业出版社，2019.

础上的，创新在国家社会经济发展中的作用才不断加强。

创新时代赋予教育教学协同创新的使命。教育教学协同创新在创新型国家建设和高校发展中起到了不可替代的作用。当前，经济与社会高速发展所积累的民生与社会问题凸显，人民日益增长的美好生活的需要同不平衡不充分的发展之间的矛盾成为国内社会的主要矛盾。在教育上主要表现为优质教育资源紧缺，城乡、区域教育发展不均衡，升学压力与日俱增等问题。面对教育资源尤其是优质教育资源的供需矛盾，高校教育教学改革必须跨越制约高校发展的"瓶颈"，积极转变教学思维，革除旧的教学发展模式，寻求高校创新发展的新途径，以满足社会对优质创新型人才的要求。高校教育教学改革是在开放与控制、解放与适应中生成和发展的，它所强调的包括教育体制与教育管理模式的创新、教学方法与教学内容的变革以及教育功能与教育目标的重新定位，不仅具有全局性、结构性、发展性的特点，还是新时代背景下高等教育教学发展的价值与追求。本节所说的高校教育教学协同创新，主要是指在创新概念提出的背景下，教育体制与高校教学内部各要素之间基于一定的价值观，在相互影响和相互作用过程中所产生的方法、制度以及实践层面上的变革。

（二）实现教育教学协同创新与高校教学改革的协调发展

21世纪是一个创新的社会，经济社会的创新发展对教育提出了新的要求，教育从经济发展的边缘位置开始走向中心，教育教学协同创新由此构成了创新结构范畴中最核心的内容之一。自古以来，高等教育就负有培养高素质人才、提高全民族综合创新能力的使命。在当前这样一个紧迫的发展背景下，高等教育改革必须实现教学体制创新，及时剔除不合时宜的、呆板僵化的教育制度，摒弃"以课堂知识为本"的传统教学思想，破除重知识轻实践、重分数轻素质的传统教学弊端。如果继续紧守传统的教育模式，就会束缚创新的手脚，教育教学协同创新就难有生存的土壤。从这个意义上来讲，教育教学协同创新以其特有的号召力与影响力推动着高校教学改革的发展，促进高校教学体制不断适应教育教学协同创新的需要。

高校教学改革水平的高低影响着教育教学协同创新的成效。当今，高校教学改革已发展成为一种结构性变革,这种变革不是在既定系统结构内进行的维持性革新,而是一种"破坏性革新"。这种"破坏性革新""不仅需要信念、价值观和承诺的变革,同时也需要规则、角色和关系的变革,更重要的是,这种革新需要关键性组织功能的执行方式的变革"。高校教学改革是一项复杂的工程,需要各方面的协同配合,要在创新中快速找到教学改革的切入点,必须立足未来,根据社会对人才素质的要求以及发展新趋势,精确选准制高点。在教学方面,要落实好"学校本位"课程的开发,在探索、调整、改进、优化的过程中形成相对优势,为有特殊才能的学生创造良好的条件,形成具有自身特点的教学体制,而不是机械地强调"人无我有"。作为教学最重要的主体之一的高校教师的创新素养是教育创新的关键。在基础层面,要求高校教师爱岗敬业、乐于奉献;在知识经济时代塑造创新人格的具体化层面,具体包括教学方法创新的自觉性、开发和利用教育资源的创造性、科学揭示创新人才成长的规律等。

总而言之,教学改革水平成效高,教育教学协同创新的效果就好;如若教学改革混乱,势必会影响教育教学协同创新的效果。可以看出,高校教学改革离不开教育教学协同创新这片沃土,因此高校有必要在充分厘清两者关系的基础上实现教学改革与教育教学创新的协调发展。

二、高校教学改革的紧迫性

科学技术与时代的变迁给教育尤其是高校教育带来了巨大的冲击与挑战,人类社会的生产生活方式,乃至思维、行为和学习方式都受到了不同程度的影响。互联网通过其强大的云计算和数据处理功能,能够及时有效地对信息知识进行新的加工、组合和整理,加快了教学内容更新的速度,扩大了知识的含量,为学生提供了一个资源丰富、方便快捷的学习环境。网络所带来的大量的知识和最新的信息,使得高校开始对传统课堂进行重新考量,越来越多的教师也逐渐倾向于网络信息化教学。应信息化社会发展的要求,更新教育理念、变革教育模式、重构教育体制、培养创新创业人才,已成为高校教学改革的必然要求和现实选择。

21世纪是知识、经济、科技相互交织的时代，同时也更加追求人才的高质量与高效益。党的十九大对人才培养提出了新要求，指出：建设教育强国是中华民族伟大复兴的基础工程，必须把教育事业放在优先位置，深化教育改革，加快教育现代化，办好人民满意的教育。教育现代化的本质是人的现代化，核心是教育思想和教育理念的现代化。2017年，中共中央办公厅和国务院办公厅联合印发了《关于深化教育体制机制改革的意见》，提出要营造健康的教育生态，大力宣传普及适合的教育才是最好的教育、全面发展、人人皆可成才、终身学习等科学教育理念，系统推进育人方式、办学模式、管理体制、保障机制改革，使各级各类教育更加符合教育规律、人才成长规律，更能促进人的全面发展。在这种形势下，必须进一步重视对高校教学改革的研究，以提升高校的整体教学水平，为社会培养具有可持续创新能力的人才。

三、高校教学改革发展的视角

（一）高校教育教学的创新价值

有学者提出，教学活动作为学生认知发展的实现机制，在学生个体的发展过程中发挥着三种基本功能，即认识的起源和发生、认识的建构与形成以及认识的改进与转换。现代的教学不仅仅是师生互动的双边活动，还代表着一种建构性与生成性的文化，并要以一定的主体形态进入教学过程，承担起培养学生的创造与建构意识、能力及文化主体身份的使命。任何一种教学思想与教学模式，都是经济社会发展到特定阶段时内在要求的产物。实施教育与教学创新的协调发展，是当代高校改革与发展的一个重要课题。

高校教学的核心价值取向理应从培养创新精神入手，以提高创新能力为核心，促使个体在实践教学活动中自我展示、自我实现、自我创造的不断生成。人的创新精神和能力大致分为两部分：一部分是与生俱来的先天禀赋，可以称为人的"初始创新资源"。另一部分是后天习得的，可称为"积累性创造资源"，是形成人的创新能力的主体。值得注意的是，这种原生的、天然状态的创新资源是不稳定的，如果后期得不到合理的开发与训练，极容易流失，从而造成一种无形的人才资源的浪费；而后天习得的这部分创新资源尽管是社会和实践的产物，也必须进行深度开发，只有经过科学的提炼与升华，才能真正转化为创新素质。面对经济社会对创新型人才的呼唤，高校教学改革必须统筹兼顾，在课程体系、教育教学的实践活动设计中，着重培养和开发学生的创新精神与自我创造能力，为社会主义建设提供高质量的劳动力和智力支持，满足教育创新时代的需求。

（二）高校教学改革发展的目标

教学目标是连接教育现实与教育理想的主要联结点。一方面，高校教学改革要立足实践，抓重点、攻难点。另一方面，高校在开展课堂教学活动时，只有环环紧扣教学目标，才能真正实现学生从浅层学习向深层学习的转变。

1. 以人为本，实现人本化教学

"人本"是指在自然、社会与人的关系上，人是主体，是目的和标准。"以人为本"的教育理念主张在教育教学中要把人放在第一位，强调以人的发展特别是作为教育对象的具体的个人的发展为根本。"以人为本"观念最初出现在文艺复兴运动时期，但真正从哲学上把对抽象"人"的关注转移到对个体生命价值的"人"的关注则经历了漫长的过程。随着马克思主义的产生与发展，"以人为本"的理念逐渐得到真正的科学说明，并广泛地渗透到政治、经济、教育等领域。

传统的教育形式习惯把文本知识与学习成果凌驾于人的本性之上，把学生机械地看作被塑造、被加工的对象。事实证明这种主客体关系的错位，在很大程度上影响了教学的效果，使教学远离人性而成为程序化、模式化的工具，由此导致我国教育体制偏离轨道，教育功能异化，忽视了以人为本的基本价值取向。因而，教学要遵循学生的主体性原则，尊重学生受教育的权利，帮助学生真正理解和掌握知识技能。高校是培养人才的重要基地，在高校的教学管理中，教学目标的实现既要靠学

生自主学习,同时也要靠教师辅助实施,其中包括优化课堂教与学的行为分析,探讨学生的学习能力、创新能力以及合作与交往能力,这就要求教师采用全新的人才培养模式,注重尊重和调动学生积极性,提高教育教学的效益。

2. 把握教学规律,尊重学生个体差异

学生作为受教育者,由于其个体智力发展的多元性,决定了学生之间存在不同的个性特征,具备不同的知识建构能力。中共中央、国务院于2010年发布的《国家中长期教育改革和发展规划纲要(2010—2020年)》明确指出:"坚持以人为本、推进素质教育是教育改革发展的战略主题,是贯彻党的教育方针的时代要求,核心是解决好培养什么人、怎样培养人的重大问题,重点是面向全体学生、促进学生全面发展,着力提高学生服务国家人民的社会责任感、勇于探索的创新精神和善于解决问题的实践能力。"高校培养的人才应该是多规格的,对于不同特点的学生要采取不同的衡量标准。教师要及时转变角色和态度,最大限度地利用学生的个性特点和潜能实施分层教学,不以个人期望改变学生,因势利导,用发展的眼光对待学生。

3. 培养高阶能力,鼓励自我创新和自我发展

现阶段,以科学知识为代表的经济社会的发展对人才素质提出了更高的要求,强调在不忽视基本素养(读、写、算)的前提下,强调人才尤其是创新型人才的学习、问题求解、决策、批判性思维、信息素养、团队协作、兼容能力、获取隐性知识、自我管理和可持续发展能力,在教学目标分类中主要表现为较高认知层次上的心智活动及认知能力,如分析、综合、评价、创造、演绎、推理等。这些能力相互关联、相互作用,共同为推动人才的可持续发展提供导向。未来的信息社会充斥着各类复杂的需求和矛盾,能力的培养和思维的多元性就显得十分必要。哈佛大学著名的心理学教授伯金斯认为:"日常思维就如我们普通的行走能力,是每个人与生俱来的,但是良好的思维能力就像百米赛跑一样,是一种技术与技巧上的训练结果。"[①]因此,高校在教育教学过程中,要运用恰当的工具,采取相应的教学措施,实行一系列有

---

① 伯金斯. 超越智商的思维[M]. 邓海平,译. 北京:中国盲文出版社,2006.

针对性的强化练习，着重培养学生的高阶思维能力，踏实有力地帮助学生实现人生价值。

（三）大学生学习的内在机制

苏联心理学家列昂捷夫等人认为，人的心理、意识等一切活动的结构都是环状的，在与环境对象的实际接触中，借助内导作用和返回机制，调整并充实初始导入的映像。[①] 学习作为一种特殊的社会性活动，也近似一种环状结构，由定向、执行、反馈三个环节共同组成。探讨大学生学习的内在机制，能够更加深入准确地把握高等教育阶段学习的实质，进而采取有效措施促进高校大学生学习。借鉴已有研究成果，笔者认为应聚焦到以下几个方面：

第一，大学生学习的特征。大学生作为社会成员之一，其学习活动具备人类学习的一般特点，但在整个教育系统中，大学生处于一种特殊地位，使得大学生的学习活动不同于一般人类的学习。研究当代大学生学习的内在特点是实践研究的热点问题，初步得出的结论是：必须基于现代学习观，结合大学生自身学习的特征，通过接受性、建构性的学习模式促进个体的内在发展。

第二，大学生对活动的认识方式。教学活动就其本质而言是一种特殊的认识性活动，学生认识活动的基本方式是在教师的指导下进行的掌握学习。无论是探究型活动还是创造性活动，均强调学习的自我感标准，从而建立对外部世界的符号化的认知与理解，更好地引导学生深层、深度、深刻学习。

第三，学习动机与学习积极性。学习动机可通过外在的学习行为反映出来，而学习积极性则是学习动机最直接的外在表现，不同水平的学习积极性直接影响着学习的实际效果。教师要经常通过观察，有意识地识别学生可能存在的动机问题，根据个体在注意状态、情绪状态和意志状态这三方面的情况，如学生是否注意教师，能否迅速开始某项活动，能否主动地选择具有挑战性的学习活动等，判断学生是否存在动机问题。

---

① 列昂节夫. 教育学[M]. 北京：人民教育出版社，1957.

四、高校教学创新改革发展的有效生成

教学改革是一项受新教育思想发展影响的动态观念，具备综合性、全面性和技术性的特点，直接服从于人才素质培养模式。高等学校教学管理在实现创新发展的道路上形成了诸多理论与实践经验，不同形式的观点的呈现不仅为深化研究提供了充足的思考空间，同时还促使高校教学改革不断迈上新的台阶。

（一）转变知识观，提升课堂教育素养，是高校教学创新发展的根本条件

要提升课堂教育涵养，必须革除静态的固象化的知识观，建立以知识价值为主的教育学立场，克服对象化教学的局限性。严格意义上的高校课堂教学要同时实现教学运作方式、课堂授课手段的更新，更要从思想认识观念及教师教学素质上实现创新。高校管理者要深刻思考在教育创新条件下，高校的教育教学需要遵循什么原则，树立哪种观念，实现何种目标，现行的教学方式是否符合创新发展的要求等等。

传统的教学思想侧重的是学生对于书本知识的掌握，认为教学是传授人类科学文化知识的"特殊的认识过程"，是以知识为中心建立起来的一种传与授的活动。一直以来，传统的课堂把知识作为唯一的对象和结果来传授，教师一味地教，学生一味地背，不去追求学生在习得后发生了怎样的变化与发展，这显然是一种静态僵化的知识观。高校教学改革创新不是为所有的学生统一确立一个必须实现的终极性目标，而是不断地培植、挖掘学生发展的可能性与潜力。真正具备教育涵养的课堂不仅是浅层的方法与技术性的改革，更是以创新为使命，达到观念乃至系统内部的根本性变革。知识只是实现个体发展的工具和形成创新能力的基础。学生学习和掌握知识并不仅是为了知识本身，而是在掌握客观知识的基础上基于个人生命和生活体验，学会自主建构，并把所学的知识转化为能力，成为处世的价值观和方法论。

（二）转变教学策略，强调课堂的创新性、发展性品质，为创新人才培养奠定基础

课堂教学策略的实施最终落在教与学的行为分析上。在日常学习活动中，教学应重点体现学生的自我监控、自我管理、积极探索、表达交流以及合作探究，因此，高校教师在选择和采用教学策略时应主要体现以下几点。第一，学会理解。理解是与学生交往的基础，为理解而教是教学的出发点。教师要积极创设学习情境，适时开展情景对话、课堂活动，帮助学生理解特定事物的本质及其规律、价值、思想、方法和意义。第二，任务导向。教师应建立清晰、明确的课程学习任务，将完整的课程目标、学习过程和学习方式任务化，引导学生主动探索任务活动的价值与意义。第三，启发式教学。启发，是启发学生独立思考，让学生能够自己思考问题的答案以及解决问题的方法，这种教学方法强调教师是主导，教学过程虽然由教师组织，但学生依旧是学习的主体。大学课堂尤其重视学生的逻辑思维和灵活应变能力，启发式教学承认学生是有灵性、有理性、有感性的能动主体，其主动性特征有助于学生行为协调和智力发展。

（三）推进高校教育制度和教学体系创新，建设有利于创新型人才成长的制度环境

现代社会经济结构的调整要求高等教育转向以提高质量为中心的内涵式发展方式，实行更加灵活的教育教学制度，从而提供适合学生个性发展和自主创新的空间。让学生参与管理是高校教育制度改革不可忽视的一面。高校教育制度是为了满足全体教师和学生的需求，为全体成员谋福祉。推动高校教育教学制度创新，让学生积极参与制度建构的过程，并没有否定高校管理制度的权威性，相反，学生的参与体现了一种尊重、一种责任感，给学生更多的自主管理权，能更有效地唤起学生主体责任感，培养公民意识，促进学生自由而全面的发展。但是，仅有参与是不够的，更重要的是提升学生参与制度建设的品质。高校要建设开放化、多样化的教育制度和教学管理体系，一方面要更新观念，转变学生对制度建设"事不关己""流于形式"的态度，为学生提供更多自觉选择和自由表达的空间，使教育教学制度的设计

更具科学性和有效性。另一方面要提高学生基本的协商民主精神，强化公民意识，保证学生参与的高品质与高质量，从而营造有利于人才培养的和谐的制度环境。

要有效地实现教育创新目标，建立适应知识经济时代要求的人才创新模式，必须正确处理好高校教学改革和创新的关系，正确诠释高校教育教学发展的目标与内涵，这无论对教育教学协同创新理论的推进还是高校教学体制的进一步深化，都具有十分重要的意义。

参考文献

[1] 刘宇，虞鑫，许弘智，等."双创"背景下创新教育的实践、效果与机制研究[J].现代教育技术，2015，25（11）：106-112.

[2] 陈从军，姚健.双创背景下高校辅导员工作的思考与探索[J].科技创业月刊，2016，29（13）：64-65.

[3] 刘国余.会计双语课程柔性教学模式探析[J].商业会计，2016（24）：119-121.

[4] 杨思林，王大伟，唐丽琼，等."双创"背景下高校课程考试改革的思考[J].教育教学论坛，2016（46）：77-78.

[5] 许彩霞.创新创业背景下应用型高校人力资源管理专业实践教学体系改革研究[J].鸡西大学学报，2016，16（4）：23-26.

[6] 马一铭.大学生自主创业的困境与对策分析[D].西安：西安理工大学，2015.

[7] 黄杰."许昌模式"背景下大学生创新创业教育模式探索[J].决策探索，2016（18）：38-39.

[8] 孙海英."双创"背景下文科大学生创业现状、机遇及对策分析[J].成都航空职业技术学院学报，2016，32（4）：15-18，22.

[9] 张格，高尚荣.以高职生学习动力机制为导向的高职教育教学改革[J].江苏科技信息，2016（34）：37-39.

[10] 吴颖珊.高校教育教学改革的动力机制探讨[J].重庆科技学院学报（社会科学版），2012（1）：165-167.

[11] 曹月盈. 高校计算机基础教育创新教学模式探究：评《高校计算机教育教学创新研究》[J]. 教育评论，2017（5）：166.

[12] 荆媛，唐文鹏. 新时代下高校思想政治教育教学方法创新研究：以主旋律歌曲为视角 [J]. 中北大学学报（社会科学版），2017，33（1）：65-68.

[13] 周湘林. 以学生学习为核心的高校教师教学评价方法创新研究 [J]. 现代大学教育，2017（1）：93-97.

[14] 华宝元. 教育管理学四大范畴视角下高校体育教学管理创新研究 [J]. 广州体育学院学报，2017，37（1）：107-109.

[15] 李小兵. 互联网媒体视角下高校体育教学创新研究 [J]. 赤子（下旬），2017（1）：8.

[16] 吴小川. 高校音乐教育教学模式的创新研究 [J]. 魅力中国，2017（1）：180.

[17] 王天恒. 从毕业生质量追踪探究高校学校本科教学改革 [D]. 成都：西南交通大学，2007.

[18] 王淼. 我国高校教育改革模式研究 [J]. 教育现代化，2016，3（27）：284-285，288.

[19] 苗峰. 高校课堂教学管理现状及对策研究 [J]. 兰州教育学院学报，2015（2）：96-97.

[20] 李友良，何勇. 高校教学管理信息化的现状及对策 [J]. 教育与职业，2015（1）：43-44.

[21] 柳亮. 高校教学管理人员继续教育现状及对策 [J]. 继续教育研究，2010（02）：11-12.

[22] 王廷璇. 浅析高校教学管理现状及改革对策 [J]. 新西部，2011（05）：109-111.